고사성어 · 사자성어

크로스워드 퍼즐 2

팬더 컬렉션 / 엮음

圖書出版 明文堂

책머리에

<크로스워드 퍼즐>은 보통 우리 한글이나 영어와 같이 소리글자인 표음문자(表音文字)에서나 만들어지고 즐길 수 있다고 생각했다. 중국의 한자는 뜻글자인 표의문자(表意文字)로서 한 자 한 자가 독자적인 뜻을 지니고 있다. 그러므로 <크로스워드 퍼즐>을 만들기에는 상당한 어려움이 따를 수밖에 없었다.

그러나 지금 컴퓨터의 진화로 인해 수많은 단어나 숙어 고사성어, 사자성어(사자숙어)를 데이터베이스화해 놓을 수 있음으로 해서 그것이 가능하게 되었다.

사자성어는 사자숙어(四字熟語)를 말하는데, 오래도록 인구에 널리 회자되어 익숙해져 숙어화된 것을 이르는 말이다. 일반적으로 고사성어가 네 글자로 된 것들이 많아서 흔히 고사성어와 사자성어를 혼동해 쓰는 경우가 많다. 물론 네 글자로 된 고사성어는 사자성어라고 할 수 있다.

고사성어는 옛 이야기에서 유래된 말로, 여기에는 신화 · 전설 · 역사 · 고전 · 문학작품 등이 포함된다. 또한 교훈 · 경구 · 비유 · 상징어 및 관용구나 속담 등으로 사용되어 일상 언어생활에서의 표현을 풍부하게 해준다.

우리가 대화를 할 때나, 혹은 많은 사람들 앞에서 연설을 할 때 고사성어를 인용한다면 대화나 연설, 강연 등이 한층 품위가 있고 상대에게 전달되는 인상이 깊어질 수 있다.

이렇듯 우리의 언어나 문장의 표현에 품격을 더해주고 교훈을 주는 고사성어를 익히기 위해 단순히 암기를 한다는 것은 그 자체로서 또 하나의 공부라고 생각해서 싫증을 내기가 십상이다.

「고사성어를 퍼즐로 익힐 수 있다면」 하고 생각한 것이 바로 이 책 《고사성어 크로스워드 퍼즐》 이다.

고사성어를 많이 알고 있다 하더라도 문제를 쉽게 풀 수 있다고는 생각지 않는다. 그래서 뒤에 해설을 곁들여 고사성어에 담겨진 재미있는 이야기들을 실었다.

독자들은 고사성어에 함유된 교훈이나 재치 있는 비유, 속담 등을 통해서 삶의 지혜를 터득함으로써 인문학적 소양을 풍부하게 함과 아울러 다른 이에게도 이야기로 들려줄 수 있다면 비로소 고사성어에 담겨진 교훈이 자신의 것이 될 수 있고, 나아가서는 문장에 인용할 수 있으며, 대화나 강연, 연설 등에 활용할 수 있을 것이다.

여기에 출제된 문제들은 상당히 까다로울 수 있다. 그러나 문제를 풀든 못 풀든 그것이 중요한 것이 아니다. 해설을 보고 다시 한 번 복습하면 한 문제를 풀고 났을 때 배우는 16~19개의 고사성어나 사자숙어를 한 틀로 묶어 머리에 기억시킬 수가 있을 것이다. 실로 놀라운 학습법이라 할 수 있을 것이다.

— 편집자

【일러두기】

1. 이 책은 국내 최초의 원색 도판(圖版) 고사성어 서적으로서, 최초의 고사성어 크로스워드퍼즐 책이다.
2. <크로스워드 퍼즐> 문제 아래쪽에 <보기>를 마련해 놓았다. 이것은 이를테면 가인박명(佳人薄命)을 한글로는 알고 있고 한자로는 표현에 어려움이 있을 수 있음을 생각해서 여러 한자들 가운데 고를 수 있도록 했다. 한 글자를 중복 사용할 수 있다. <보기>의 배열은 가나다순이다.
3. 가운데 별색으로 된 고사성어는 이 문제를 만드는 시발점(starting point) 역할을 한다. 따라서 이 고사성어를 중심으로 상하좌우로 문제가 펼쳐지는 것이다.
4. 문제의 가로 세로 박스에 「｜—」로 붉은 선으로 표시한 것은 양쪽 글자나 위아래 글자와는 관계가 없음을 나타내는 경계선 표식이다.
5. <풀이>의 고사성어 곁에 파란색 글자로 간체자(杆體字)를 덧붙여 현재 중국인들이 사용하고 있는 간체자에 대한 이해를 도왔다.
6. <풀이>에 쓰인 약물기호는 아래와 같다.
   - 책명 : 《 》
   - 작품명 · 대화 · 인용구 · 강조 : 「 」

四字成語・故事成語

크로스워드 퍼즐

	1 당 螳	랑 螂	지 之			2 십 十			
	랑 螂				3 괄 刮		상 相	대 待	
4 관 管	규 窺		5 지 指			십 十			6 맥 麥
			7 록녹 鹿	사 死		수 手			
							8 춘 春		지 之
9 남 南		북 北	10 마 馬	이 耳	동 東	11 풍 風		지 之	탄 嘆
							모 暮		
	12 개 蓋		과 裹			13 밀 密	운 雲	14 불 不	
15 부 剖	관 棺		시 屍						
						16 후 後		가 可	외 畏
17 천 天	정 定		필 匹					지 知	

보기								
	目	問	配	斧	事	船	生	蟬
	樹	秀	誰	雨	爲	斬	錐	革

키워드

1가로 : 사마귀의 도끼란 뜻으로, 자기 힘을 생각지 않고 강적 앞에서 분수없이 날뜀.

1세로 : 매미를 노리는 사마귀라는 뜻으로, 눈앞의 이익에만 정신이 팔려 뒤에 닥친 위험을 깨닫지 못함.

2세로 : 열 개의 눈과 열 개의 손, 곧 보는 사람과 손가락질하는 사람이 많음.

3가로 : 눈을 비비고 상대를 본다, 곧 남의 학식이나 재주가 놀랄 만큼 부쩍 늘었음을 이르는 말.

4가로 : 대롱으로 보고 송곳이 가리키는 곳을 살핌, 곧 속이 좁고 견문이 얕음.

5세로 : 사슴을 가리켜 말이라고 한다는 뜻으로, 사실이 아닌 것을 사실로 만들어 강압으로 인정하게 함.

6세로 : 기자(箕子)가 은(殷)나라가 망한 뒤에도 보리만은 잘 자라는 것을 보고 한탄하였다는 데서 유래한다.

7가로 : 사슴은 누구의 손에 죽는가. 온 천하가 누구의 손에 돌아가게 될 것이냐 하는 비유. 사슴은 천하를 가리킨다.

8세로 : 봄철의 나무와 저문 날의 구름, 곧 먼 곳에 있는 벗을 그리는 마음.

9가로 : 남쪽은 배, 북쪽은 말이란 뜻으로, 사방으로 늘 여행함.

10세로 : 말가죽으로 자기 시체를 싼다는 뜻으로, 싸움터에 나가 살아 돌아오지 않겠다는 결의.

11가로 : 부모에게 효도를 다하려고 생각할 때에는 이미 돌아가심에 대한 한탄.

12세로 : 관 뚜껑을 덮고 일을 정한다는 뜻으로, 사람은 죽고 난 뒤에라야 올바르고 정당한 평가를 할 수 있다는 말.

13가로 : 구름은 잔뜩 꼈으나 비는 오지 않는다는 말로, 일이 잘 성사되지 않음.

14세로 : 묻지 않아도 알 수 있음.

15가로 : 죽은 뒤에 큰 죄가 드러나 무덤을 파고 관을 꺼내어 시체를 벰.

16가로 : 젊은 후학들을 두려워할 만하다는 뜻으로, 후진들이 선배들보다 젊고 기력이 좋아 학문을 닦음에 따라 큰 인물이 될 수 있어 가히 두려움.

17가로 : 하늘이 정해준 짝이라는 뜻으로, 꼭 알맞은 한 쌍의 부부.

풀이

馬耳東風(마이동풍) 马耳东风 　　말 馬 귀 耳 동녘 東 바람 風

남의 비평이나 의견을 조금도 귀담아 듣지 아니하고 곧 흘려버림. 「말의 귀에 동풍」이란 뜻이다. 우리말로는 「말 귀에 바람 소리」라는 것이 나을 것도 같다. 우리 속담에 「쇠귀에 경 읽기」란 말이 있는데도, 이것을 우이독경(牛耳讀經)이라고 한문 문자로 쓰기도 한다. 마이동풍은 우이독경과 같은 말이다.

원래 이 말은 이백(李白)의 「답왕십이 한야독작유회(答王十二寒夜獨酌有懷)」라는 장편 시 가운데 나오는 말이다. 왕십이란 사람이 이백에게 「차가운 밤에 혼자 술을 마시며 느낀 바 있어서」라는 시를 보내온 데 대한 회답 시로 장 단구를 섞은 아주 긴 시다.

왕십이는 자기의 불우함을 이백에게 호소한 듯하다. 이백은 거기에 대해 달이 휘영청 밝고 추운 밤에 독작을 하고 있는 왕십이의 쓸쓸함을 생각하면서 이 시를 지은 것이다. 그리하여 이백은 술을 마셔 만고의 쓸쓸함을 씻어버릴 것을 권하고

	螳	螂	之	斧		十			
	螂				刮	目	相	待	
管	窺	錐	指			十			麥
	蟬		鹿	死	誰	手			秀
			爲				春		之
南	船	北	馬	耳	東	風	樹	之	嘆
			革				暮		
	蓋		裹			密	雲	不	雨
剖	棺	斬	屍					問	
	事					後	生	可	畏
天	定	配	匹					知	

<해 답>

또 그대처럼 고결하고 더구나 뛰어난 인물은 지금 세상에서는 쓰이지 못함이 당연하다고 위로하는 한편, 다시 강개(慷慨)하는 말투로 자기의 당세관(當世觀)을 엮어 간다. 이백은 시 가운데서 이렇게 말하고 있다.

「세상 사람은 내 말에 모두 머리를 내두른다(世人聞此皆掉頭). / 마치 동풍이 말의 귀를 쏘는 것 같도다(有如東風射馬耳)」

우리는 북창(北窓)에 기대어 시를 읊거나 부(賦)를 짓는다. 그러나 어떤 걸작이 나오고 그것이 만방에 미치는 걸작이라도 지금 세상에서는 그런 것이 한 잔의 물만한 가치도 없다. 아니 그뿐 아니고 세인은 그것을 듣고 다 고개를 흔들며 동풍(東風)이 마이(馬耳)를 스치는 정도로밖에 생각지 않는다. 시는 계속된다.

「답왕십이 한야독작유회」 시의도

「물고기 눈이 또한 나를 비웃고, 밝은 달과 같아지기를 청한다(魚目亦笑我 請與明月同)」

생선 눈깔과도 같은 어리석은 자들이 명월이나 주옥과 같은 우리들을 비웃고 명월의 주옥과 같은 귀한 지위를 대신 차지하려고 바라고 있다. 옥석혼효(玉石混淆)하고 현우전도(賢愚顚倒)되어 있는 것이 지금의 세상이다, 라고 이백은 말하고 있다. 그리고 물론 우리들 시인에게는 경상(卿相)의 자리는 없다. 청년 시절부터 우리는 산야를 고답(高踏)하는 것이 소원이 아니었던가, 하고 왕십이를 격려하며 힘을 북돋고 시를 끝맺는다.

당 랑 지 부
螳螂之斧

螳螂之斧 버마재비 螳 버마재비 螂 의 之 도끼 斧

「당랑(螳螂)」은 버마재비, 혹은 사마귀라고 하는 곤충이다. 「부(斧)」는 도끼로, 버마재비의 칼날처럼 넓적한 앞다리를 말한다. 「당랑지부」 즉 버마재비의 도끼란 말은, 강적 앞에 분수없이 날뜀을 비유하는 말이다.

당랑포선(螳螂捕蟬, 淸 선정)

구체적인 뜻으로는 「당랑거철(螳螂拒轍)」이란 말이 더 많이 쓰인다. 당랑이 수레바퀴 앞을 가로 막는다는 말이다. 사실 버마재미는 피할 줄을 모르는 어리석다면 어리석고 용감하다면 용감한 그런 성질의 곤충이다.

《회남자(淮南子)》 인간훈편(人間訓篇)에 이런 이야기가 있다.

제(齊)나라 장공(莊公)이 사냥을 나갔을 때, 벌레 하나가 장공이 타고 가는 수레바퀴를 발을 들어 치려했다. 장공은 수레를 모는 사람에게 물었다.

「저게 무슨 벌레인가?」

「저놈이 이른바 당랑이란 놈입니다. 저놈은 원래 앞으로 나아갈 줄만 알고 뒤로 물러날 줄을 모르며, 제 힘도 헤아리지 않고 상대를 업신여기는 놈입니다」

「그래, 그놈이 만일 사람이라면 반드시 천하의 용사가 될 것이다」 하며 장공은 수레를 돌려 당랑을 피해 갔다는 것이다.

여기에는 당랑의 도끼란 말은 나오지 않는다.

그러나 발을 들어 그 수레바퀴를 치려했으니, 그 발이 곧 도끼 구실을 하고 있었음을 알 수 있고, 또 이른바 당랑이라고 했으니 벌써 당시부터 당랑의 성질에 대한 이야기와 당랑의 도끼란 말 등이 쓰이고 있었음을 알 수 있다.

螳螂窺蟬 (당랑규선)

螳螂窺蟬 사마귀 螳 사마귀 螂 엿볼 窺 매미 蟬

사마귀가 매미를 잡으려고 엿본다는 말로, 눈앞의 이익에 어두워 뒤에 따를 걱정거리를 생각하지 않는다는 말이다. 전한의 유향(劉向)이 지은 《설원(說苑)》 정간(正諫)에 나오는 이야기다.

춘추시대 말 오왕 부차(夫差)는 월(越)나라를 공격하여 성공하고 서시(西施)를 데리고 환락에 빠져 있었다. 상국(相國 : 재상) 오자서(伍自胥)의 충언을 듣지 않고 오히려 그를 죽였다.

부차가 하루는 아침에 태자 우(友)가 옷을 적신 채 활을 들고 있어 물었다.

「아침부터 무엇을 그리 허둥대느냐?」

우가 대답하였다.

「아침에 정원에 갔더니 높은 나뭇가지에 매미가 앉아서 울고 있었습니다. 그런데 그 뒤를 보니 사마귀 한 마리가 매미를 잡아먹으려고 노리고 있었습니다. 그 때 홀연 참새 한 마리가 날아와서 그 사마귀를 먹으려고 노리는데, 사마귀는 통 기미를 알아채지 못하고 있었습니다. 저는 참새를

오자서

향해 활시위를 당겼습니다. 그런데 그만 활 쏘는 데 정신이 팔려 웅덩이 속으로 빠져버렸습니다. 그래서 옷을 이렇게 적신 것입니다. 천하에는 이런 예가 부지기수입니다. 이를테면 제나라는 까닭 없이 노나라를 쳐서 그 땅을 손에 넣고 기뻐했지만, 우리 오나라에게 그 배후를 공격받고 대패했듯이 말입니다」

부차는 말을 듣자마자 얼굴을 붉히며 소리쳤다.

「너는 상국(오자서)이 못 다한 충고를 할 셈이냐? 이제 그런 소리는 듣기 싫다!」

충심에서 우러난 간언을 듣지 않은 부차는 결국 월나라의 침입을 받아 멸망하고, 그 자신은 자결하고 말았다.

십목십수 十目十手

十目十手 열 十 눈 目 손 手

열 사람의 눈과 열 사람의 손이라는 뜻으로, 보는 사람과 손가락질하는 사람이 많음. 《대학(大學)》의 성의장에 있는 말이다.

증자(曾子)가 말하기를, 「열 눈이 보는 바요, 열 손가락이 가리키는 바니, 참으로 무서운 일이구나(十目所視 十手所指 其嚴乎)」라고 했다.

이것을 보통 우리가 흔히 말하는, 남이 지켜보고 손가락질한다는 뜻으로 풀이해 온 것이 지금까지의 실정이다. 그러나 살았으면 아직 일흔이 다 되지 못했을 신동(神童) 강희장(江希張, 1907?~1930?)은 그가 아홉 살 때 지은 《사서백화(四書白話)》에서 증자의 이 말을 다음과 같이 풀이하고 있다.

증 자

십목은 열 눈이 아닌 십방(十方)의 모든 시선을 말한다. 사람이 무심중에 하는 동작은 주위에 영향을 미치지 않는다. 그러나 마음에서 일어나는 파동(波動)은 하느님을 비롯한 모든 천지신명과 도를 통한 사람에게 그대로 전달된다.

이것을 불교에서는 심통(心通)이라고 말한다. 그러므로 홀로 있을 때의 생각처럼 가장 널리 알려지게 되는 것은 없다. 증자가 한 말은 근거가 있어 한 말이다. 공연히 무섭게 하기 위해 한 말이 아니다.

이 진리를 깨달은 사람이라면 남이 안 본다고 같은 나쁜 짓을 하며 나쁜 생각을 할 수 있겠는가. 천지신명이 항상 지켜보고 있다. 우리가 하는 일을 하나하나 지적하고 있다.

오늘날 심령과학자들은 이렇게 말하고 있다. 사람의 생각은 영파(靈波)로 움직인다. 그것은 전파의 속도와 같다. 그것을 통해 삽시간에 신명은 누가 무슨 생각을 하고 있는지를 알게 된다고.

괄 목 상 대

刮目相對

刮目相対 비빌 刮 눈 目 서로 相 대할 對

눈을 비비고 다시 본다는 뜻으로, 곧 남의 학식이나 재주가 이전에 비하여 다른 사람으로 볼 만큼 부쩍 는 것을 일컫는 말이다.

오왕 손권

《삼국지(三國志)》 오지(吳志)에 있는 이야기다,

삼국시대(三國時代) 초엽, 오왕(吳王) 손권(孫權)에게는 여몽(呂蒙)이라는 장수가 있었다. 그는 무식한 사람이었으나 전공을 쌓아 장군이 되었다.

어느 날, 여몽은 손권으로부터 공부하라는 충고를 받았다. 그래서 그는 전쟁터에서도 「손에서 책을 놓지 않고(手不釋卷)」 학문에 정진했다. 그 후 중신(重臣) 가운데 가장 유식한 재상 노숙(魯肅)이 전지 시찰 길에 오랜 친구인 여몽을 만났다. 그런데 노숙은 대화를 나누다가 여몽이 너무나 박식해진 데 그만 놀라고 말았다.

「아니, 여보게. 언제 그렇게 공부했나? 자네는 이제 『오나라에 있을 때의 그 여몽이 아닐세(非吳下阿蒙)』 그려」

그러자 여몽은 이렇게 대꾸했다.

「무릇 선비란 헤어진 지 사흘이 지나서 다시 만났을 땐 눈을 비비고 대면해야 하는 법이라네(士別三日 卽當刮目相對)」

관 규 추 지
管窺錐指 管窥锥指 대롱 管 엿볼 窺 송곳 錐 가리킬 指

대롱으로 엿보고 송곳이 가리키는 곳을 살핀다는 뜻으로, 작은 소견이나 자기 견해를 겸손하게 말하는 경우를 비유하는 말이다.

《장자(莊子)》 추수편(秋水篇)에 있는 이야기다.

공손룡 소상(塑像)

전국시대 조(趙)나라의 사상가 공손룡(公孫龍)은 장자의 학설을 배우고 나서 위(魏)나라의 위모(魏牟)에게 장자의 학문에 감탄하였다고 말하였다.

공손룡은 명가(名家)의 한 사람으로 손꼽히며, 또한 그의 논술을 궤변이라고 하지만, 단순한 궤변이 아니라 당시의 혼란한 사회를 질서 있는 사회로 돌이키려고 하는 의욕을 찾아볼 수 있다. 위모는 식견이 높은 장자에 비해 작은 소견을 지닌 공손룡에게 말했다.

「관을 통해 하늘을 보고 송곳으로 땅을 가리키며 하늘과 땅의 넓이를 살피는 것과 같다(用管窺天 用錐指地)」 라고 하였다.

보고 들어서 얻은 지식과 학문상의 식견이 좁거나 자신의 의견에 대하여 겸손하게 표현할 때 사용하는 말이다.

대롱으로 하늘을 보고 호리병박으로 바닷물의 양을 잰다는 뜻의 「관규

려측(管窺蠡測)」과 같은 말이다.

指鹿爲馬 지록위마 指鹿为马 가리킬 指 사슴 鹿 할 爲 말 馬

「사슴을 가리켜 말이라 한다」는 뜻으로, 억지를 써 남을 궁지로 몰아 넣음. 또 윗사람을 농락하여 권세를 휘두른다는 말이다.

《사기》 진시황 본기에 있는 이야기다.

진2세 황제 호해 묘

진시황 37년 7월, 시황제는 순행 도중 사구(沙丘)의 평대(平臺)에서 죽는다. 시황은 죽기에 앞서 만리장성에 가 있는 태자 부소(扶蘇)를 급히 서울로 불러올려 장례식을 치르라는 조서를 남겼었다. 그러나 이 조서를 맡은 내시 조고(趙高)가 시황을 따라온 후궁 소생 호해(胡亥)를 설득시키고 승상 이사(李斯)를 협박하여 시황의 죽음을 비밀에 붙이고 서울 함양으로 들어오자, 거짓 조서를 발표하여 부소를 죽이고 호해를 보위에 앉힌다. 이것이 2세 황제다.

2세 황제 밑에서 순식간에 출세하여 진의 실권을 잡은 조고는 사람들로부터 천대받는 거세자(去勢者)인 환관이었다. 호해는 즉위하자마자, 「짐은 천하의 모든 쾌락을 다하면서 일생을 보내고 싶다」라고 말한 인물이다. 조고는 이 말에 만족한 웃음을 띠면서 대답했다.

「참으로 훌륭한 말씀이십니다. 그러기 위해서는 먼저 법을 엄하게 하고 형벌을 가혹하게 하여 법의 무서움을 알리는 것이 첫째입니다. 다음에는 선왕 이래의 구신(舊臣)을 모두 제거하고 폐하의 마음에 드는 새 사람을 등용하시면 그들은 폐하를 위해 분골쇄신 정치에 힘을 쓸 것입니다. 그렇게 되면 폐하께서는 마음놓고 즐기실 수 있을 것입니다」

지록위마

「옳거니, 그렇겠구려」하고 호해는 대답했다.

이렇게 해서 조고는 정적 이사를 죽이고 선제 이래의 대신, 장군, 그리고 왕자까지도 살육하고 승상자리에 올라 실권을 잡았다. 그리하여 마침내는 호해를 폐하고 제위에까지 오르려는 음모를 꾸몄다. 그러나 그렇게 하려면, 궁정에 있는 자들이 아직도 호해를 따르고 있는지, 아니면 자기를 따르고 있는지 확인을 해볼 필요가 있었다. 그리고 만약 자기를 따르지 않으면 좋지 않다는 것을 보일 필요가 있었다. 이 목적을 위해 조고는 실로 괴상야릇한 시위 방법을 생각해 냈다.

「이것이 말이옵니다」라고 했다.

그러자 2세는 웃으며, 「승상이 잘못 보았구려. 사슴을 보고 말이라고 하니」

「아닙니다. 말이옵니다」

2세는 좌우에 있는 시신들에게 물었다. 어떤 사람은 잠자코 있고, 어떤 사람은 조고의 편을 들어 말이라고 하고, 혹은 정직하게 사슴이라고 대답

진시황 능묘의 진시황 거상(巨像)

하기도 했다.

그러자 조고는 사슴이라고 말한 사람은 모조리 법률로 얽어 감옥에 넣고 말았다. 그 뒤로 모든 신하들은 조고가 무서워 그가 하는 일에 다른 의견을 말하지 못했다는 것이다.

그러나 이때는 이미 온 천하가 반란 속에 물 끓 듯하고 있을 때였다. 조고는 2세를 더는 숨길 수 없게 되자, 그를 죽이고 부소의 아들 자영(子嬰)을 임시 황제 자리에 앉혔다. 그러나 조고는 자영에게 죽고 만다.

불에 싸인 집안에서 권력다툼을 하는 소인의 좁은 생각은 그것이 남을 해칠 뿐만 아니라 자신을 해치는 것인 줄을 알 리가 없었다. 이래서 억지소리로 남을 몰아세우는 것을 「지록위마」라고 하게 된 것이다.

맥 수 지 탄
麥秀之嘆 麦秀之嘆 보리 麥 팰 秀 의 之 탄식할 嘆

고국의 멸망을 탄식함.

맥수(麥秀)는 보리가 무성하다는 뜻이다. 옛날에는 영화를 자랑하던 도읍의 궁궐터가 보리밭으로 변해 버린 것을 보고 흥망성쇠의 무상함이 감개무량해서 불렀다는 맥수의 노래에서 나온 말이다.

중국 고대사의 황금기를 대표하는 것이 「요순(堯舜)의 치(治)」라고 한다면 그 반대의 쇠망기의 상징이라고 할 수 있는 것이 「걸주(桀紂)의 폭(暴)」이다. 주(紂)왕의 비행에 대해서 충간(忠諫)을 다한 사람에, 공자로 하여금 「은나라에 삼인(三仁)이 있다」라고 칭찬을 받은 미자(微子)·기자(箕子)·비간(比干) 셋이 그들이다. 기자의 동래설(東來說)을 놓고 우리나라 고대사에 많은 문제를 남기고 있는 기자는 은(殷)나라 마지막 임금인 주(紂)의 작은아버지뻘 되는 덕이 높은 분이었다.

주무왕

주가 술과 여자에 빠져 정치를 돌보지 않고, 이를 간하는 충신들을 마구 죽이는 포학한 정치를 하고 있을 때, 기자도 가만히 보고만 앉아 있을 수 없어 주에게 간곡한 충고를 주었다. 그러나 주가 들을 리 만무했다. 나라 일이 그릇되어 가고 임금의 하는 일이 장차 화가 미치리라고 생각된 기자는 몸을 멀리 피해 머리를 풀어 미치광이 행세를 하며, 남의 집 종이 되어 세상을 숨어 살았다. 그 뒤 주(周)나라 무왕에 의해 주(紂)는 죽고 은나라는 망한다. 숨어 있던 기자는 무왕의 부름을 받아 무왕을 만나보고 그에게 정치에 대한 원칙을 말해 주기도 했다. 그 뒤 기자는 은나라 옛 도성을 지나게 되었다. 그렇게 번화하던 거리는 흔적마저 없고, 궁궐이 서 있던 자리에도 밭을 만들어 곡식들이 무성하게 자라고 있었다. 기자는 무상한 조국의 흥망에 감개를 이기지 못하여 눈물 대신 맥수지시(麥秀之詩)를 지어 읊었다.

「옛 궁궐 자리에는 보리만이 무성해 있고, 벼와 기장들도 잎이 기름져

음란무도한 걸주(桀紂)

있다(麥秀漸漸兮 禾黍油油). 화려하던 도성이 이 꼴로 변해 버린 것이 그 미친 녀석(紂)이 내 말을 듣지 않았기 때문이다(彼狡童兮 不與我好兮)」

여기에서 망국지탄(亡國之嘆)을 「맥수지탄」이라 말하게 되었고, 고국의 멸망을 탄식한 노래를 맥수가(麥秀歌)니 맥수의 시니 하고 말하게 되었다.

녹사수수 鹿死誰手

鹿死谁手 사슴 鹿 죽을 死 누구 誰 손 手

석 늑

「사슴이 누구의 손에 죽는가?」라는 뜻으로 승패를 결정하지 못하는 것을 이르는 말이다. 세력이 서로 비슷하여 승부를 가리지 못하는 경우에 쓰이는 말이다.

《진서(晉書)》 석늑재기(石勒載記)에 있는 말이다.

오호십육국(五胡十六國)의 하나인 후조(後趙)의 제1대 황제 석늑(石勒, 재위 319~333)은 자부심이 강하고 유능한 통치자로서 신하인 서광(徐廣)에게 자신을 역사상 어느 왕에 비교

할 수 있는지 물었다. 서광은 임금의 지혜가 한(漢)나라 고조 유방(劉邦)을 앞지른다고 대답했다.

석늑은 「내가 유방의 시대에 태어났다면 그의 부하로 지휘를 받았을 테지만, 후한의 초대 황제 광무제 유수(劉秀)를 만나 중원에서 그와 겨루었다면 『사슴이 누구 손에 죽었을지 알지 못한다(不知鹿死誰手)』」고 말했다고 전해진다.

양쪽의 실력이 비슷해 누가 이길지 모를 정도로 미리 승부를 짐작하기 어렵다는 말이다. 지위나 정권을 사슴에 비유하였는데, 천하가 누구에게 돌아갈 것인가라는 뜻에서 제위의 다툼을 비유하는 「중원축록(中原逐鹿)」이란 말이 있다.

춘수모운 春樹暮雲

春树暮云 봄 春 나무 樹 저물 暮 구름 雲

먼 곳에 있는 벗을 그리는 마음이 일어남.

봄철의 나무와 저문 날의 구름이라는 뜻으로, 먼 곳에 있는 벗을 그리는 마음이 일어남을 비유적으로 이르는 말.

소년 이백 조상(彫像)

중국 문학사에서 각기 시선(詩仙)과 시성(詩聖)으로 불리는 위대한 시인들인 이백(李白)과 두보(杜甫)는 같은 시대에 살았다.

두보는 33세 때 낙양(洛陽)에서 11세 연상의 이백을 만나 교유(交遊)하였다. 이후 두보는 평생 이백과의 우정을 소중히 여기며 그를 그리워하는 시를 여러 편 지었다. 「봄날 이백을 그리워하다」 라는 「춘일억이백(春日憶李白)」 이라는 시도 그 가운데 하나이다.

이백의 시는 당할 이 없어
자유분방한 그 생각 워낙 뛰어나
청신함은 북방의 유신(庾信)과 같고
헌칠하고 뛰어남은 남방의 포조(鮑照)를 겸하였네.
위북은 봄 나무들이 싱그러운데
저무는 날 구름에 마음 설렐 강동의 그대
언제 둘이서 술잔을 나누며
다시금 자상하게 시와 글에 대해 논하여 볼꼬.

白也詩無敵 飄然思不群　백야시무적 표연사불군
淸新庾開府 俊逸鮑參軍　청신유개부 준일포참군
渭北春天樹 江東日暮雲　위북춘천수 강동일모운
何時一樽酒 重與細論文　하시일준주 중여세론문

두보 초당

위북은 위수(渭水)의 북쪽으로, 그 무렵 두보가 있던 장안(長安)을 가리키고, 강동은 이백이 있던 강남(江南)을 가리킨다. 장안에서 한창 싱그러움을 풍기는 봄철의 나무들을 바라보며 강남에 있는 이백을 그리워하는 정을 시로 나타낸 것이다.

유신(庾信)은 거기대장군과 개부의동삼사(開府儀同三司)를 지내 세칭 유개부(庾開府)로 불린다. 포참군은 포조의 관명이다.

남선북마
南船北馬 南船北马 남녘 南 배 船 북녘 北 말 馬

남쪽은 배, 북쪽은 말이란 뜻으로, 중국의 지세는 남쪽은 강이 많아서 주로 배를 타고, 북쪽은 평지가 많아서 주로 말을 탄다. 지금은 뜻이 바뀌어 항상 여행을 하거나 분주히 사방으로 돌아다님을 이르는 말이다.

양자강

고대 중국의 교통체계를 단적으로 나타낸 말이다.

화남(華南)지방은 양자강, 주장강을 비롯하여 수량이 많은 하천이 아주 많아 선박에 의한 사람의 왕래와 물품운송이 활발하였다. 이에 비해 화북지방은 산과 사막이 많은 데다가 강수량도 적어서 건기(乾期)에는 하천의 수량이 부족하여 선박의 항행이 불가능하였기 때문에 육로를 이용한 거마의 교통이 성황을 이루었다. 비슷한 뜻으로 「동분서주(東奔西走)」가 있다.

마혁과시
馬革裹尸 马革裹尸 말 馬 가죽 革 쌀 裹 시체 尸

말의 가죽으로 시체를 쌈. 곧 전사(戰死)함.

「마혁과시」는 전쟁터에 나가 적과 싸우다가 죽고 말겠다는 용장의 각오를 가리켜 한 말이다.

《후한서》 마원전(馬援傳)에 나오는 말이다. 마원은 후한 광무제 때 복파장군(伏波將軍)으로 지금의 월남인 교지(交趾)를 평정하고 돌아온 용맹과 인격이 뛰어난 명장이었다.

교지에서 돌아온 그는 신식후(新息侯)로 3천 호의 영지를 받았으나, 다시 계속해서 남부지방 일대를 평정하고, 건무 20년(44년) 가을 수도 낙양으로 개선해 돌아왔다. 이때 마원을 환영하기 위해 많은 사람들이 성 밖으로 멀리까지 나와 그를 맞이했는데, 그 가운데에는 지모가 뛰어나기로 유명했던 맹익(孟翼)도 있었다. 맹익은 많은 사람들 사이에 판에 박은 축하의 인사만을 건넸다. 그러자 마원은 맹익을 보고 이렇게 말했다.

「나는 그대가 가슴에 사무치는 충고의 말을 해줄 것으로 기대하고 있었다. 겨우 남과 똑같은 인사만을 한단 말인가. 옛날 복파장군 노박덕(路博德 : 한무제 때 사람)은 남월(南越)을 평정하여 일곱 군(郡)을 새로 만드는 큰 공을 세우고도 겨우 수백 호의 작은 영토를 받았다. 그런데 지금 나는 하잘것없는 공을 세우고도 큰 고을을 봉읍으로 받게 되었다. 공에 비해 은상이 너무 크다. 도저히 이대로 오래 영광을 누릴 수는 없을 것 같다. 그대에게 무슨 좋은 생각은 없는가?」

맹익이 좋은 생각이 나지 않는다고 대답했다. 그러자 마원은 다시 말했다.

「지금 흉노와 오환(烏桓 : 東胡의 일종)이 북쪽 변경을 시끄럽게 하고 있다. 이들을 정벌할 것을 청하리라. 사나이는 마땅히 변경 싸움터에서 죽어야만 한다. 말가죽으로 시체를 싸서 돌아와 장사를 지낼 뿐이다(以馬革裹尸 還葬耳). 어찌 침대 위에 누워 여자의 시중을 받으며 죽을 수 있겠는가?」

복파장군 마원

마원이 남방에서 개선해 돌아온 지 한 달 남짓 되어, 때마침 흉노와 오환이 부풍군(扶風郡 : 섬서성)으로 쳐들어왔다. 마원은 기다린 듯이 나가 싸울 것을 청해 허락을 받았다. 이때 광무제는 백관들에게 조서를 내려 마원을 다 같이 환송하도록 명했다고 한다. 이 뒤로 「마혁과시」란 말이 싸움터에 나가는 장수의 참뜻을 가리키는 말이 되었다고 한다.

風樹之嘆 (풍수지탄) 风树之嘆 바람 風 나무 樹 의 之 탄식할 嘆

부모에게 효도를 다하려고 생각할 때는 이미 돌아가셔서 그 뜻을 이룰 수 없음을 이르는 말.

한(漢)나라 때 한영(韓嬰)이 지은 《시경(詩經)》의 해설서인 《한시외전(韓詩外傳)》에 「나무가 고요하고자 하나 바람이 그치지 않고, 자식이 봉양하려 하나 어버이가 기다려 주지 않는다(樹欲靜而風不止 子欲養而親不待)」고 하여 돌아가신 어버이를 생각하는 마음을 나타낸 부분에서 유래한

공자수학제자도

말이다.

공자가 자기의 뜻을 펴기 위해 여러 나라로 떠돌고 있을 때였다. 그날도 발걸음을 재촉하고 있는데 어디선가 몹시 슬피 우는 소리가 들려왔다. 울음소리를 따라가 보니 고어(皐魚)라는 사람이었다. 공자가 우는 까닭을 물었다.

울음을 그친 고어가 입을 열었다.

「저에게는 세 가지 한(恨)이 되는 일이 있습니다. 첫째는 공부를 한다고 집을 떠나 있다가 고향에 돌아가 보니 부모는 이미 세상을 떠나셨습니다. 둘째는 저의 경륜을 받아들이려는 군주를 어디에서도 만나지 못한 것입니다. 셋째는 서로 속마음을 터놓고 지내던 친구와 사이가 멀어진 것입니다」

고어는 한숨을 짓고 다시 말을 이었다.

「나무가 조용히 있고 싶어도 불어온 바람이 멎지 않으니 뜻대로 되지 않습니다(樹欲靜而風不止). 자식이 효도를 다하려고 해도 그때까지 부모는 기다려 주지 않습니다(子欲養而親不待). 한번 흘러가면 쫓아갈 수 없는 것이 세월입니다(往而不可追者年也). 돌아가시고 나면 다시는 뵙지 못하는 것이 부모입니다(去而不見者親也). 저는 이제 이대로 서서 말라 죽으려고 합니다」

고어의 말이 끝나자 공자는 제자들을 돌아보며 이렇게 말했다.

「이 말을 명심해 두어라. 훈계로 삼을 만하지 않은가!」

이날 깊은 감명을 받은 공자의 제자 중 고향으로 돌아가 부모를 섬긴 사람이 열세 명이나 되었다고 한다.

蓋棺事定 (개관사정) 盖棺事定 덮을 蓋 널 棺 일 事 정할 定

사람은 죽은 후에야 그 사람의 살아 있을 때의 가치를 알 수 있다. 사람의 일을 두고 흔히 하는 말이다. 오늘의 충신이 내일에는 역적 소리를 듣게도 되고, 어제까지 천덕꾸러기 노릇을 하며 이 집 저 집 얻어먹으며 다니던 사람이 하루아침에 벼락부자가 되고 벼락감투를 쓰게 된 예는 얼마든지 있다. 말하자면 관 뚜껑을 닫고 나서야 비로소 일은 정해진다는 말이다. 하기야 관 뚜껑을 닫고 난 뒤에도, 죽은 사람이 살았을 때 저질렀던 일로 인해, 이른바 부관참시(剖棺斬屍 : 관을 깨뜨려 시체를 벰)의 추형(推刑)을 가하는 일도 때로는 있으므로 엄격한 의미에서는 「관 뚜껑을 닫은 뒤에도 알 수 없는 것이 사람의 일」이라 할 수 있다.

두 보

여기서 두보(杜甫)의 시 한 편을 소개해 보자. 시 제목은 「군불견(君不見)」이라 하는데, 첫머리에 이 같은 가락을 넣는 것을 악부체(樂府體)라

한다.

그댄 보지 못했는가, 길가에 버려진 연못을. 君不見道邊廢棄池
그댄 보지 못했는가, 꺾여 넘어진 오동나무를. 君不見前者催折桐
백 년 뒤, 죽은 나무가 거문고로 쓰이게 되고, 百年死樹中琴瑟
한 섬 오랜 물은 교룡(蛟龍)을 품기도 했다. 一斛舊水藏蛟龍
장부는 관을 덮어야 일이 비로소 결정된다 丈夫蓋棺事始定
그대는 다행히 아직 늙지 않았거늘 君今幸未成老翁
어찌 원망하리요, 초췌히 산 속에 있는 것을. 何恨憔悴在山中

이 시는 두보가 사천성 동쪽 기주(夔州)의 깊은 산골로 낙백해 들어와 가난하게 살고 있을 때, 역시 거기에 와서 살며 실의에 찬 나날을 보내고 있는 친구의 아들 소계(蘇溪)에게 편지 대신 보내준 시다.

밀운불우 密雲不雨 密云不雨 빽빽할 密 구름 雲 아닐 不 비 雨

「구름은 가득 끼었지만 비는 오지 않는다」는 뜻으로, 일의 징조만 있고 일은 이루어지지 않음을 이르는 말이다. 《주역》 소축괘(小畜卦)에 다음과 같은 말이 있다.

「먹구름은 잔뜩 끼어 있지만 비가 오지 않으니 나 스스로 서쪽 교외로 나간다(密雲不雨 自我西郊)」

「단전(彖傳)」에서는 이 뜻을 풀이해 「『밀운불우』는 아직도 가고 있다는 뜻이다. 『자아서교』는 베풂이 아직 시행되지 않았다는 뜻이다」라고 하였다. 또 소과괘(小過卦)의 육오(六五)에서는 「먹구름은 가득 끼었지만 아직 비가 오지 않으니 나 스스로 서쪽 교외로 나간다. 공께서 줄을 맨 화살로 굴속에 있는 그를 취한다」라고 하였다.

주문왕

이 이야기는 주(周)나라 문왕(文王)이 주(紂)의 폭정을 간하다가 오히려 박해를 받은 뒤에 임금이 나라를 바로 다스리지 못하면 나부터라도 솔선수범해서 백성을 위하겠다는 의지를 표명한 것이다.

덕치를 베풀 수 있는 모든 조건을 문왕 자신은 갖추고 있지만 자신이 임금이 아니기 때문에 참람(僭濫)하지만 덕치로써 자임하겠다는 말이다.

불 문 가 지

不問可知

不问可知　　아닐 不 물을 問 옳을 可 알 知

묻지 않아도 옳고 그름을 가히 알 수 있음.

부 관 참 시

剖棺斬屍

剖棺斩尸　　쪼갤 剖 널 棺 벨 斬 주검 屍

죽은 뒤에, 큰 죄가 드러난 사람에게 극형(極刑)을 추시(追施)하던 일. 무덤을 파고 관을 꺼내어 시체(屍體)를 베거나 목을 잘라 거리에 내걸었다.

특히 연산군 때 성행하여 김종직(金宗直) · 송흠(宋欽) · 한명회(韓明澮) · 정여창(鄭汝昌) · 남효온(南孝溫) · 성현(成俔) 등이 이 형을 받았다.

후생가외
後生可畏 后生可畏 뒤 後 날 生 옳을 可 두려울 畏

안 회

후생(後生)은 뒤에 난 사람. 즉 자기보다 나이가 어린 사람을 말한다. 「후생이 가외(可畏)」는 이제 자라나는 어린 사람이나, 수양과정에 있는 젊은 사람들이 두렵다는 말이다. 두렵다는 것은 무섭다는 뜻이 아니고 존경한다는 뜻이 있다.

《논어》 자한편(子罕篇)에 있는 공자의 말이다.

「뒤에 난 사람이 두렵다. 어떻게 앞으로 오는 사람들이 지금만 못할 줄을 알 수 있겠는가. 나이 4, 50이 되었는데도 이렇다 할 이름이 알려져 있지 않는 사람은 별로 두려워할 것이 못된다(後生可畏 焉知來者之不如今也 四十五十而無聞焉 斯亦不足畏也已)」

공자의 이 말은 공자보다 서른 살이 아래인 안자(顔子)의 재주와 덕을 칭찬해서 한 말이라고도 한다. 그러나 역시 이것은 하나의 진리가 아닐 수 없다. 미지수란 항상 커나가는 사람, 커나가는 세력에 있는 것이다. 하찮게 여겼던 사람이 커서 자기보다 더 훌륭하게 된 예는 너무도 많다.

천 정 배 필
天定配匹 天定配匹 하늘 天 정할 定 짝 配 짝 匹

하늘이 마련해서 정해 준 배필.

					1 복 覆		지 之	계 戒	
	2 군 君				수 水				
	자 子		3 중 衆		난 難	방 防		4 화 畵	
	불 不								
5 대 大		만 晩	성 成			6 십 十		유 類	
			다 多	7 기 岐	망 亡	8 양 羊		구 狗	육 肉
9 금 錦		10 독 讀		망 亡		11 목 牧	12 민 民	지 之	
의 衣	13 독 讀	서 書		양 羊					
		삼 三			14 양 梁		군 君	자 子	
15 행 行	유 有		력 力				경 輕		

보기							
車	官	口	九	貴	器	頭	路
亡	上	小	收	夜	餘	虎	

키워드

1가로 : 앞의 수레가 엎어지는 것을 보고 뒤의 수레는 미리 경계하여 엎어지지 않도록 한다는 뜻으로, 남의 실패를 거울삼아 자기를 경계함.

1세로 : 엎지른 물은 다시 담을 수 없다는 말로, 한 번 저지른 일은 어찌할 수 없음.

2세로 : 군자는 한 가지 소용에 맞지 않는다. 군자는 그릇으로 잴 수 없다.

3가로 : 뭇 사람의 입을 막기는 어렵다.

3세로 : 조그만 것도 여럿이 모이면 많아짐.

4세로 : 범을 그리려다 개를 그린다는 뜻으로, 소양이 없는 사람이 호걸인 체 하다가 도리어 망신을 당함을 비유적으로 이르는 말.

5가로 : 큰 사람이 되기 위해서는 많은 노력과 시간이 필요함.

6세로 : 양 열 마리에 목자가 아홉, 곧 백성에 비해 벼슬아치가 많음.

7세로 : 여러 갈래로 갈린 길에서 양을 잃는다는 뜻으로, 학문의 길이 많아 진리를 찾기 어렵다는 것을 이르는 말.

8가로 : 양의 머리를 걸어놓고 개고기를 판다는 뜻으로, 겉보기만 그럴듯하게 보이고 속은 변변하지 아니함을 이르는 말.

9세로 : 비단옷을 입고 밤길을 걷다. 곧, 자랑삼아 하지만 생색이 나지 않음을 이르는 말.

10세로 : 독서하기에 알맞은 세 여가(餘暇). 곧 겨울, 밤, 비 올 때.

11가로 : 백성을 다스려 기르는 벼슬아치라는 뜻으로, 고을의 원(員)이나 수령 등의 외직 문관을 통틀어 이르는 말.

12세로 : 백성이 존귀하고, 사직은 그 다음이며, 임금은 가볍다.

13가로 : 글을 읽는 데 정신이 팔려서 먹이고 있던 양을 잃었다는 뜻으로, 하는 일에는 뜻이 없고 다른 생각만 하다가 낭패를 봄을 이르는 말.

14가로 : 대들보 위의 군자라는 뜻으로, 집 안에 들어온 도둑을 비유한다.

15가로 : 일을 다 하고도 오히려 힘이 남음.

풀이

다기망양
多岐亡羊

多岐亡羊　　　많을 多 갈림길 岐 잃을 亡 양 羊

「여러 갈래 갈림길에서 양을 잃는다」는 뜻으로, 학문의 길이 너무 많아 진리를 얻기 어려움을 이르는 말. 학문이나 어떤 재주를 배우는 데 있어서도 그 배우는 방법이 지나치게 여러 가지가 있거나, 지엽적인 것에 구애를 받게 되면 얻으려던 것을 얻지 못하게 된다.

《열자》 설부편(說符篇)에 있는 이야기다.

양자(楊子)의 이웃사람이 양을 한 마리 잃어버렸다. 그 집에서는 집 사람들은 물론 양자의 집 하인아이까지 불러 찾아 나서게 했다.

「양 한 마리 달아났는데, 웬 사람이 그렇게 많이 찾아나서는 거지?」 하고 양자가 묻자, 이웃사람은 「갈림길이 많기 때문입니다」하고 대답했다. 얼마 후 그들이 돌아왔기에, 「양은 찾았는가?」하고 물었더니, 「놓치고 말았습니다」하는 것이었다.

「왜 놓쳤지?」

「갈림길에 또 갈림길이 있어, 양이란 놈이 어디로 갔는지(多岐亡羊) 도무지 알 수가 없어 그만 지쳐서 돌아오고 말았습니다」

이 말에 양자는 몹시 우울한 표정을 지으며 종일 웃는 일이 없었다. 제자들이 까닭을 물어도 대답을 하지 않았다. 그래서 제자 맹손양(孟孫陽)이 선배인 심도자(心都子)에게 가서 사실을 말했다.

심도자는 맹손양과 함께 양자를 찾아뵙고 이렇게 물었다.

「옛날 세 아들이 유학을 갔다 돌아오자, 그 아버지가 인의(仁義)에 대해 물었습니다. 그러자 큰아들은 『몸을 소중히 하고 이름을 뒤로 미루는 것입니다』라고 대답하고, 둘째아들은 『내 몸을 죽여 이름을 남기는 것입니다』라고 했는데, 셋째아들은 『몸과 마음을 다 온전히 하는 것입니다』라고 대답했습니다. 이 세 가지 방법은 각각 다르지만, 같은 선생 밑에서 같은 유학(儒學)을 배운 데서 나온 말입니다. 어느 것이 옳고 어느 것이 틀립니까?」

					覆	車	之	戒	
	君				水				
	子		衆	口	難	防		畵	
	不		小		收			虎	
大	器	晩	成			十		類	
			多	岐	亡	羊	頭	狗	肉
				路		九			
錦		讀		亡		牧	民	之	官
衣	讀	書	亡	羊			貴		
夜		三			梁	上	君	子	
行	有	餘	力				輕		

<해 답>

그러자 양자는 이야기를 이렇게 돌렸다.

「어떤 사람이 황하 기슭에 살고 있었는데, 헤엄을 아주 잘 쳐서 배로 사람을 건네주고 많은 돈을 벌며 호화로운 생활을 했다. 그래서 그에게 헤엄치는 법을 배우러 오는 사람이 많았는데, 그 절반에 가까운 사람이 헤엄을 배우다가 물에 빠져 죽었다. 그들은 헤엄을 배우러 왔지 빠지는 것을 배우러 오지는 않았다. 하지만 돈을 버는 사람과 목숨을 잃는 사람과는 너무도 많은 차이가 있다. 그대는 어느 쪽이 좋고 어느 쪽이 나쁘다고 생각하는가?」

심도자도 잠자코 밖으로 나왔다. 그래서 맹손양은,

「당신의 질문은 너무나 간접적이고, 선생님의 대답은 분명치가 않다. 나는 뭐가 뭔지 도무지 알 수가 없다」하고 말했다.

심도자는 「큰 도는 갈림길이 많기 때문에 양을 놓쳐 버리고, 학문하는 사람은 방법이 많기 때문에 본성을 잃어버린다(大道以多岐亡羊 學者以多方喪生). 학문이란 원래 근본이 하나였는데, 그 끝에 와서 이같이 달라지고 말았다. 그러므로 그 같고 하나인 근본으로 되돌아가기만 하면 얻을 것도 잃을 것도 없는 것이다. 선생님은 그 말씀을 하고 계신 거다」 하고 말했다.

너무도 많은 교파와 종파들이 똑같은 근본 문제는 제쳐놓고 하찮은 지엽말단(枝葉末端)의 형식을 놓고 왈가왈부하는 현상도 일종의 「다기망양」이라고 할 수 있다.

복거지계
覆車之戒 覆车之戒 엎어질 覆 수레 車 어조사 之 삼갈 戒

앞의 수레가 엎어진 것을 보고 뒤에 오는 수레가 경계로 삼는다는 뜻으로, 앞사람의 실패를 보고 뒷사람은 교훈으로 삼아 스스로를 경계한다는 말이다. 《후한서》 두무전(竇武傳)에 있는 이야기다.

후한 환제(桓帝) 때 행실이 바르고 귀족의 속물적인 악습에 물들지 않은 두무의 딸이 황후가 되자, 두무는 장관이 되었다.

이때 환관의 세력이 강해 그들의 횡포는 날로 극심해져 갔다. 그러자 사례교위(司隸校尉) 이응(李膺)과 상서령(尙書令) 두밀(杜密) 및 태학생(太學生)들은 환관들의 횡포를 엄히 다스려야 한다고 주장하였다. 그러자 환관들은 자기들을 모함하였다는 죄로 그들을 체포한 「당고(黨錮)의 금(禁)」 사건을 일으켰다. 「당고의 금」 사건이란, 사대부와 호족이 환관의 독재 권력에 반대하다가 종신금고에 처해진 일을 말한다.

두무는 이 사건을 환제에게 진언하였다.

「만일 환관의 전횡을 이대로 방치해 두면 진나라 때의 실패를 반복하는 것이며, 엎어진 수레의 바퀴자국을 다시 밟게 될 것입니다(覆車之戒)」

환제는 결국 체포된 관리 전원을 풀어 주었다. 이렇듯 「복거지계」는 이전에 실패한 전철을 다시는 되풀이하지 않겠다는 뜻이며, 한편으로는 이전의 좋고 훌륭한 점을 귀감으로 삼는다는 뜻도 포함되어 있다.

覆水難收 (복수난수) 覆水难收 엎어질 覆 물 水 어려울 難 거둘 收

엎지른 물은 다시 담을 수 없다는 말로, 한 번 저지른 일은 어찌할 수 없다는 뜻. 우리 속담에 「엎질러진 물이요, 쏜 화살」이라는 말이 있다.

《한서(漢書)》 주매신전(朱買臣傳)에 있는 이야기다.

한 무제(武帝) 때 승상장사(丞相長史)를 지낸 주매신(朱買臣, ?~BC 109)이 출세하기 전의 일이다. 주매신은 젊어서 매우 가난하여 제때 끼니도 잇지 못하였지만 독서를 좋아하여 집안일은 거의 돌보지 않았다. 가장 노릇을 다하지 못하는 남편의 처사에 아내는 불만으로 가득 차 있었다. 그런 남편을 아내는 더 이상 보지 못하겠다고 하며 이혼을 요구하였다. 그러자 주매신은 아내를 달래면서 머지않아 충분히 보상해 주겠으니 조금만 더 참고 마음을 돌이키라고 하였다.

「쉰 살만 되면 틀림없이 고관이 될 거요. 지금 내 나이 마흔넷, 얼마 남지 않았소, 조금만 참으시오」 그러나 아내는 독기를 머금은 채 쏘아댔다.

「아니 뭐라고요? 당신 같은 건달이 고관이 된다구? 흥! 굶어죽어 시궁

주매신 부신독서도(負薪讀書圖, 조선 유운홍)

창에 처박히지 않은 것이 다행인 줄이나 아세요」 하고는 미련 없이 떠나버리고 말았다.

후에 정말 주매신은 회계(會稽) 태수가 되었다. 부임 도중 오현을 지나게 되었는데 관리들이 그를 영접하기 위해 주민을 동원하여 길을 쓸도록 하였다. 주매신의 옛 아내도 그 속에 끼어 있었다. 아내는 행렬 앞으로 다가가 자신의 죄를 용서해 달라고 애원하였다.

주매신은 「엎지른 물은 다시 담을 수 없네(覆水難收)」라고 하였다. 결국 주매신의 아내는 목을 매 자살하였다.

동의어로 이미 쏜 화살이라는 뜻의 「이발지시(已發之矢)」 한번 떨어진 꽃은 다시 가지로 되돌아갈 수 없다는 뜻의 「낙화난상지(落花難上枝)」 깨진 거울은 다시 비치지 못한다는 뜻의 「파경부조(破鏡不照)」 등이 있다.

군자불기
君子不器 君子不器 군자 君 선생 子 아닐 不 그릇 器

군자는 한 가지 소용에 맞지 않는다. 군자는 그릇으로 잴 수 없다.

그릇이란 제각기 한 가지 소용에 맞는 것이나, 덕이 있는 사람은 그렇지 않아, 온갖 방면에 통함을 이르는 말.

또한 군자는 기량이 워낙 커서 측량할 수 없다는 말.

衆口難防 (중구난방) 衆口难防 무리 衆 입 口 어려울 難 막을 防

뭇 사람들의 입을 막기는 어렵다는 뜻으로, 대중의 말길(言路)과 자유로운 생각은 무엇으로도 막을 수 없다는 말이다.

《십팔사략(十八史略)》에 있는 이야기다.

주무왕(周武王)을 도와 주왕조(周王朝)를 창건한 세 명의 창업공신인 삼공{三公 : 태공(太公) 여상(呂尙), 주공(周公) 단(旦), 소공(召公) 석(奭)} 중 한 사람인 소공(召公)이 주여왕(周厲王)의 탄압정책에 반대하며 이렇게 충언하였다.

소공 석

「뭇 백성의 입을 막는 것은 냇물을 막는 것보다 어렵습니다(防民之口甚於防川). 막힌 개천이 터지면 사람이 많이 상하게 되는데, 백성들 역시 이와 같습니다. 그러므로 내를 막는 사람은 한쪽으로는 물이 흘러내리도록 해야 하고, 백성을 다스리는 사람은 그들이 생각하는 대로 말을 하게 해야 합니다」

그러나 여왕은 소공의 이 같은 충언을 따르지 않았다. 결국 백성들은 난을 일으켰고, 여왕은 도망하여 평생을 갇혀 살게 되었다. 결국 「중구난방」은 이 「심어방천(甚於防川)」이란 말에서 나온 것 같다. 대중의 언로

(言路)와 자유로운 생각은 무엇으로도 막을 수 없다는 뜻이다.

중소성다
衆小成多 衆小成多 무리 衆 작을 小 이룰 成 많을 多

조그만 것도 여럿이 모이면 큰 것이 된다. 《한서(漢書)》 동중서전(董仲舒傳).

화호유구
畵虎類狗 畵虎类狗 그릴 畵 범 虎 무리 類 개 狗

「호랑이를 그리다가 이루지 못하면 도리어 개와 비슷하게 된다(畵虎不成反類狗者)」는 뜻으로, 소양 없는 사람이 선불리 훌륭한 사람의 언행을 모방하려고 하면 도리어 경박하게 됨을 비유하여 이르는 말이다. 《후한서》 마원전(馬援傳)에 있는 이야기다.

후한 광무제 때 용맹을 날렸던 복파장군(伏波將軍) 마원(馬援)이, 그가 싸우고 있던 교지(交阯 : 지금의 월남)에서 그의 조카 마엄과 마돈에게 편지로써 훈계한 말 가운데 나오는 말이다.

두 조카들은 남을 비평하기를 좋아하고 협객(俠客)으로 자처하며 철없는 건달들과 어울리기를 좋아했다. 그래서 마원은 그들이 걱정이 되어 전쟁터에서 여가를 빌어 훈계의 편지를 썼던 것이다.

「나는 너희들이 남의 잘못을 들었을 때는 부모의 이름을 들었을 때처럼 귀로 들을지라도 입으로 말하지 않기를 바란다. 남의 장단점을 즐겨 비평하거나 나라의 정사를 함부로 비판하는 것은 내가 가장 싫어하는 것중에 하나다. 용백고(龍伯高)는 착실하고 신중하여 필요 없는 말을 입 밖에 내지 않으며, 겸손하고 청렴 공정하여 위엄이 있는 사람이다. 또 두계량(杜季良)은 호협하여 남의 걱정을 내 걱정으로

복파장군 마원

하고 남의 즐거움을 내 즐거움같이 즐거워해 준다. 그의 부친 초상에는 몇 고을 사람들이 다 모였었다. 나는 이 사람을 사랑하고 존경한다. 그러나 너희들이 이 사람을 배우는 것을 원치 않는다. 용백고를 배우면 비록 그와 같이 되지 못하더라도 근신하고 정직한 사람이 될 수 있다. 이른바 고니를 새기려다 이루지 못하더라도 집오리처럼은 된다(刻鵠類鶩). 그러나 만일 두계량을 배우다가 그처럼 되지 못하면 천하의 각박한 인간이 되고 만다. 이른바 범을 그리다가 이루지 못하면 도리어 개처럼 되고 마는 것이다(畵虎不成 反類狗者也)」

원래는 바탕이 없는 사람이 호걸 흉내를 내면 도리어 경박한 사람이 되고 만다는 뜻이었지만, 너무 큰 것을 욕심내다가 실패하면 망신만 당하고 만다는 그런 뜻으로 널리 쓰이고 있다.

대기만성
大器晩成

大器晩成　　큰 大 그릇 器 늦을 晩 이룰 成

크게 될 사람은 늦게 이루어진다.

《노자(老子)》 제41장에 있는 말이다. 노자는 이 장에서 옛글을 인용하여 도(道)를 이렇게 설명하고 있다.

노자출관도

「아주 밝은 도는 어두워 보이고, 앞으로 빠르게 나아가는 도는 뒤로 물러나는 것 같다. 가장 평탄한 도는 굽은 것 같고, 가장 높은 덕은 낮은 것 같다. 아주 흰 빛은 검은 것 같고, 아주 넓은 덕은 한쪽이 이지러진 것 같다. 아주 건실한 도는 빈약한 것 같고, 아주 질박한 도는 어리석은 것 같다」

또 이렇게 말한다.

「크게 모난 것은 모서리가 없고(大方無隅), 큰 그릇은 늦게 이루어지며(大器晩成), 큰 소리는 울림이 잘 들리지 않고(大音希聲), 큰 모양은 형체가 없다(大象無形). 왜냐하면 도는 항상 사물의 배후에 숨어 있는 것이므로 무엇이라고 긍정할 수도, 또 부정할 수도 없기 때문이다」

이것이 「대기만성」이란 말이 나오는 대목만을 딴 것인데, 이보다 앞에 나오는 말을 전부 소개하면 이렇다.

「위대한 사람은 도를 들으면 이를 실천하고, 보통 사람은 도를 들으면 반신반의하게 된다. 그리고 가장 못난 사람은 도를 들으면 아예 믿으려 하지 않고 코웃음만 친다. 코웃음을 치지 않으면 참다운 도가 될 수 없다」

여기에서 보듯 만성(晩成)이란 본래 아직 이루어지지 않았다는 말로, 거의 이루어질 수 없다는 뜻이 강하다. 그런데 후일 이 말이 늦게 이룬다는 뜻으로 쓰이게 된 것은 다음과 같은 일화에서 비롯된 듯하다.

삼국시대 위(魏)나라에 최염(崔琰)이라는 이름난 장군이 있었다. 그에게는 최림(崔林)이라는 사촌동생이 있었는데, 출세가 늦어 친척들로부터 멸시를 당하곤 했다. 하지만 최염만은 그의 재능을 알아보고, 「큰 종이나 큰 솥은 그리 쉽게 만들어지지 않는다. 그렇듯 큰 인물도 성공하기까지는 오랜 시간이 걸리는 법이다. 내가 보기에 너도 그처럼 대기만성(大器晩成) 형이다. 좌절하지 말고 열심히 노력해라. 틀림없이 큰 인물이 될 것이다」

과연 그의 말대로 최림은 후일 천자를 보좌하는 삼공(三公)에 오른다. 오늘날에는 나이 들어 성공한 사람을 가리키는 말로 흔히 사용되고 있다.

십 양 구 목
十羊九牧 十羊九牧 열 十 양 羊 아홉 九 기를 牧

열 마리의 양에 아홉 사람의 목자(牧者). 백성은 적고 벼슬아치만 많음을 비유한 말. 또한 도둑은 하나인데 포리는 열이나 된다는 말이다. 민소관다(民少官多). 《수서(隋書)》

기 로 망 양
岐路亡羊 岐路亡羊 갈림길 岐 길 路 잃을 亡 양 羊

갈림길이 많아서 양을 잃음.

「여러 갈래 갈림길에서 양을 잃는다」는 뜻으로, 학문의 길이 너무 많아 진리를 얻기 어려움을 이르는 말. 학문이나 어떤 재주를 배우는 데 있어서도 그 배우는 방법이 지나치게 여러 가지가 있거나, 지엽적인 것에 구애를 받게 되면 얻으려던 것을 얻지 못하게 된다.

☞ 「다기망양(多岐亡羊)」

羊頭狗肉 (양두구육) 羊头狗肉 양 羊 머리 頭 개 狗 고기 肉

양의 머리를 걸어놓고는 개고기를 판다는 「현양두매구육(懸羊頭賣狗肉)」이란 말이 약해져서 「양두구육」이 되었다. 값싼 개고기를 비싼 양고기로 속여서 판다는 이야기다.

《안자춘추》에 있는 이야기다.

춘추시대의 제영공(齊靈公)은 어여쁜 여자에게 남자의 옷을 입혀놓고 즐기는 별난 취미를 가지고 있었다. 궁중의 이 같은 풍습은 곧 민간에게까지 번져 나가, 제나라에는 남장미인의 수가 날로 늘어가고 있었다. 이 말을 전해들은 영공은 천한 것들이 임금의 흉내를 낸다고 해서 이를 금하라는 영을 내렸다. 그러나 좀처럼 그런 풍조가 없어지지를 않았다. 그 까닭을 이해할 수 없었던 영공은 안자에게 그 이유를 물었다. 그러자 안자는 이렇게 말했다.

「임금께서는 궁중에서는 여자에게 남장을 하게 하시면서 밖으로 백성들에게만 남장을 못하도록 금하고 계십니다. 이것은 소머리를 문에다 걸고 말고기를 안에서 파는 것과 같습니다. 임금께선 어째서 궁중에도 같은 금령을 실시하지 않으십니까. 그러면 밖에서도 감히 남장하는 여자가 없게 될 것입니다」

영공은 곧 궁중에서의 남장을 금했다. 그랬더니 한 달이 채 못돼서 제나라 전체에 남장한 여자가 없어지게 되었다는 것이다. 물은 아래로 흐른다.

윗사람이 즐겨하면 아랫사람들도 따라 즐겨하게 마련인 것이다.

금의야행
錦衣夜行　锦衣夜行　비단 錦 옷 衣 밤 夜 다닐 行

「비단옷을 입고 밤길을 걷는다」는 뜻으로, 자랑삼아 하지만 생색이 나지 않음을 이르는 말. 아무리 내가 잘해도 남이 알아주지 않는다는 말이다.

《사기》 항우본기에 보면, 항우가 홍문(鴻門) 잔치에서 유방을 죽이려다 시기를 놓치고는, 며칠이 지나 서쪽으로 향해 진나라 수도 함양을 무찔렀다.

그러나 실은 유방이 이미 항복을 받은 뒤였으므로 단지 입성을 한 데 불과했다. 젊은 패기만으로 모든 일을 처리하고 있던 항우는, 유방이 백성의 마음을 사기 위해 손도 대지 않고 고스란히 남겨 두었던 진나라의 궁전들을 모조리 불사르고, 이미 항복하고 연금 상태에 있는 진왕(秦王) 자영(子嬰)을 끌어내 죽였다.

유명한 아방궁은 불길이 석 달이 지나도록 계속되었고, 그 밖의 모든 볼 만한 집들도 모두 불에 타 없어졌다. 항우는 그의 할아버지 항연(項燕)이 옛날에 진시황에 의해 죽었다는 사실을 생각하고 복수의 일념에서 이 같은 도에 지나친 짓을 했던 것이다. 항우는 진나라 창고에 쌓인 금은보화와 어여쁜 여인들을 모조리 싣고 불타버린 함양을 떠나 다시 동쪽으로 향했다.

이 때 한생(韓生)이란 사람이 항우에게, 「관중(關中 : 秦나라 땅)은 험한 산천이 사방을 막아 있고 땅이 비옥하기 때문에 여기에 도읍을 정하면 천

아방궁도

하를 손에 넣을 수 있습니다」 하고 권했다. 그러나 항우의 눈에 비친 함양은 불타버린 궁전, 마구 파괴된 황량하고 을씨년스런 도시에 불과했다. 그보다는 하루빨리 고향으로 돌아가 자기의 성공을 과시하고 싶었다.

「부귀를 하고 고향에 돌아가지 않으면 비단옷을 입고 밤길을 가는 것과 같다. 누가 알아줄 사람이 있겠는가(富貴不歸故鄕 如衣繡夜行 誰知之者)」

한생은 항우의 면전에서 물러나자 사람들에게 말했다.

「초나라 사람은 원숭이로서 겨우 관을 썼을 뿐이라는 말이 있는데, 실로 틀림없는 말이다」{원숭이는 관이나 띠를 둘러도 오래 참지 못하는 점에서 초나라 사람의 성질이 광조(狂躁)하고 조포(粗暴)한 것에 비유하는 것}

이 말이 항우의 귀에 들어가 한생은 즉석에서 끓는 물에 삶겨 죽음을 당하고 말았다. 항우가 얼마나 단순한 감정의 사나이였는가 하는 것을 알 수 있다. 스물네 살에 맨주먹으로 들고 일어난 그가 3년 만에 천하의 패권을 잡았으니 고향에 돌아가 한번 크게 뽐내 보고도 싶었을 것은 당연한 일이다.

독 서 삼 여

讀書三餘

读书叁馀　　　읽을 讀 글 書 석 三 남을 餘

독서를 하기에 적당한 세 가지 여가. 독서를 하는 데 시간과 장소를 가릴 필요는 없지만, 더 좋은 세 가지 때를 가리키는 표현이다. 겨울, 밤 그리고 비 오는 때를 말한다.

후한 말 동우(董遇)라는 사람이 있었다. 집안이 가난하여 일을 해가면서 책을 손에서 떼지 않고(手不釋卷) 부지런히 공부하여 황문시랑(黃門侍郎)이란 벼슬에 올라 임금님의 글공부 상대가 되었으나, 조조(曹操)의 의심을 받아 한직으로 좇겨났다.

동 우

학문에 대한 동우의 명성이 높아지자 그에게 배우겠다는 사람들이 각지에서 몰려들었다. 하지만 그는 그들을 선뜻 제자로 받아들이려 하지 않았다. 어떤 사람이 배움을 청하자 그는,

「마땅히 먼저 백 번을 읽어야 한다. 책을 백 번 읽으면 그 뜻이 저절로 드러난다(必當先讀百遍 讀書百遍 其義自見)」며 사양했다. 그 사람이 「책 읽을 겨를이 없다(苦渴無日)」며 다시 가르침을 청하자, 동우(董遇)는 이렇게 대답했다.

「세 가지 여가만 있으면 책을 충분히 읽을 수 있다(當以三餘)」

옆에서 듣던 사람이 곧 세 가지 여가(三餘)가 무엇인가를 묻자, 그는 이

렇게 대답했다.

「겨울은 한 해의 여가이고, 밤은 하루의 여가이고, 오랫동안 계속해 내리는 비는 한 때의 여가라네(冬者歲之餘 夜者日之餘 陰雨者時之餘也)」라고 대답했다.

목민지관
牧民之官 牧民之官 기를 牧 백성 民 의 之 벼슬 官

외직 · 외관 · 외임(外任)이라고도 하며 중앙관직인 경관직(京官職)과 구별하였다. 조선시대에는 8도(道)의 감영(監營)을 비롯하여 부(府) ·대도호부(大都護府) · 목(牧) · 도호부(都護府) · 군(郡) · 현(縣) 등 모두 334개에 이르는 지방관서에 외관직을 두고, 이의 수령에 관찰사(종2품) · 부윤(府尹 : 종2품) · 대도호부사(정3품) · 목사(정3품) · 도호부사(종3품) · 군수(종4품) · 현령(종5품) · 현감(종6품) 등을 문관으로 임명하였으며, 이들이 목민지관이다.

또한 병영(兵營) · 수영(水營) 등의 주진(主鎭)과 그 밑의 거진(巨鎭) · 독진(獨鎭) 등에도 무관의 외관직을 두었는데, 이의 수령은 거의 문관이 겸직하고 국경이나 해안 요지의 독진에만 전문적인 무관의 외관직을 두어 문관을 우대하였다.

민귀군경
民貴君輕 民贵君轻 백성 民 귀할 貴 임금 君 가벼울 輕

백성은 귀하고 임금은 가볍다는 뜻으로, 백성이 나라의 근본임을 강조하는 말이다. 맹자는 도덕을 바탕으로 한 왕도정치(王道政治)와 백성을 근본으로 하는 민본정치(民本政治)를 주장하여 《맹자》 진심장구 하편에서 이렇게 말했다.

「백성이 귀하고, 사직은 그 다음이고, 임금은 가볍다(民爲貴 社稷次之 君爲輕)」

주자(朱子)는 이 구절에 대한 주석에서 이렇게 설명하였다.

「대개 나라는 백성으로 근본을 삼는 것이니, 사직도 또한 백성을 위하여 세운 것이며, 임금이 존귀한 것도 백성과 사직의 존망에 달려 있는 것이므로 그 경중이 이와 같다」

주 희

국민이 나라의 근본임을 강조하는 이 말은 우리나라에서 2011년도 새해를 맞아 《교수신문(敎授新聞)》이 선정한 「희망의 사자성어」이기도 하다. 선정 이유에는 나라의 근본인 국민을 존중하는 정치, 국민과 소통하는 정치, 국민을 위한 정치가 시행되기를 바라는 염원이 담겨 있기 때문이다.

독서망양 讀書亡羊 读书亡羊 읽을 讀 글 書 잃을 亡 양 羊

책을 읽다가 양을 잃었다는 뜻으로, 다른 일에 정신을 팔다가 중요한 일을 소홀히 한다는 말이다. 《장자》 변무편에 있는 이야기다.

「장(臧)과 곡(穀) 두 남녀 종이 함께 양을 지키고 있다가 둘 다 그만 양을 놓치고 말았다. 장에게 어찌된 일이냐고 물었더니, 『죽간을 끼고 책을 읽고 있었기 때문입니다』라고 하였다. 곡은 『주사위를 가지고 놀다가 양을 잃었습니다』라고 했다. 이 두 사람이 한 일은 같지 않지만, 양을 잃었다는 결과는 똑같다(臧與穀二人相與牧羊 而俱亡其羊 問臧奚事 則挾策讀書 問穀奚事 則博塞以遊 二人者事業不同 其於亡洋均也)」

학문을 중시하는 동양적 사고방식에서 본다면 책을 읽다가 양을 잃는 것은 대수롭지 않은 일이다. 그러나 윗글의 경우는 다르다. 종은 양을 돌보는 일이 바로 그의 본분이다. 그런데 가당치 않게 독서를 하다가 양을 잃었다. 여기서 「독서망양」은 「독서를 한다」는 한눈을 팔다가 「양을 돌본다」는 자기 본분을 잊어버렸다는 뜻이 되는 것이다.

수양산의 백이숙제

왕왕 「독서망양」은 큰일을 하다가 다른 깜박 사소한 일을 잊는다는 뜻으로도 쓰이고 있다. 그러나 여기서 장자가 정말 하고 싶은 이야기는 그것이 아니다. 그는 좋은 일을 하다가 양을 잃었건 나쁜 일을 하다가 양을 잃었건 그 결과는 같다는 데 초점을 두고, 결국은 군자니 소인이니 하는 구별이 무의미하다는 말을 하고 싶은 것이다.

변무편에 있는 윗글 다음에 이어지는 아래 내용을 보면 장자의 의도가 확실하다.

「백이(伯夷)는 그 명예 때문에 수양산(首陽山) 아래서 죽었고, 도척(盜跖)은 이익 때문에 동릉(東陵) 위에서 죽었다. 어째서 백이는 반드시 옳고 도척은 반드시 그르다고 하는 것일까. 인의를 따라 죽으면 세상에서는 군자라 하고, 이익을 따라 죽으면 세상에서는 소인이라 한다. 목숨을 해치고 천성을 버린 점에서는 백이나 도척이 다를 바 없는데, 어찌 군자와 소인이라는 차별을 그 사이에 둘 수 있겠는가?」

「독서망양」은 또한 지엽말단에 매달려 실체를 잃는다는 뜻의 「다기망양(多岐亡羊)」과 같은 의미로 쓰이기도 한다.

양상군자 梁上君子

梁上君子 대들보 梁 위 上 임금 君 아들 子

들보 위의 군자란 뜻으로, 도둑을 가리켜 하는 말로 아주 재미있는 말이다. 《후한서》 진식전(陳寔傳)에 있는 이야기다.

후한 말, 진식(陳寔)이란 사람은 학식이 풍부하고 성질이 온화한데다가, 청렴결백해서 모든 사람들로부터 존경을 받았다. 그가 태구현(太丘懸)의 장관으로 있을 때 일이다. 그의 어질고 청렴한 정치로 고을 사람들은 편한 생활을 즐기고 있었다.

그런데 어느 해는 흉년이 들어 많은 사람들이 먹을 것이 없어 고통을 겪고 있었다. 그러던 어느 날 밤, 도둑이 진식의 방으로 들어와 천정 들보 위에 웅크리고 앉아 기회를 엿보고 있었다. 그것을 가만히 보고 있던 진식은 곧 의관을 바로잡고 아들과 손자들을 불러들여 그들을 이렇게 훈계했다.

「대저 사람이란 자기 스스로 노력하지 않으면 안된다. 착하지 못한 일을 하는 사람도 반드시 처음부터 악한 사람은 아니었다. 평소의 잘못된 버릇이 그만 성격으로 변해 나쁜 일을 하게 되는 것이다. 저 들보 위의 군자(梁上君子)가 바로 그러하다」

진 식

도둑은 이 말에 깜짝 놀라 얼른 뛰어 내려와 이마를 조아리며 죽여 달라고 사죄를 했다. 진식은 조용히 이렇게 타일렀다.

「내 그대의 얼굴을 보아하니, 나쁜 사람 같지는 않아 보인다. 깊이 반성하여 자기 마음을 이겨내면 착한 사람이 될 것이다. 그러나 이것이 다 가난한 탓일 것이다」

그리고는 그 도둑에게 비단 두 필까지 주고 죄를 용서해 돌려보냈다. 이 일이 널리 알려지자, 고을 안에 도둑질하는 사람이 한 사람도 없게 되었다고 한다. 우리가 지금 들어도 감격하지 않을 수 없는 일이다.

그런데 그 후로 어느 짓궂은 사람이 쥐를 가리켜서 「양상군자」라 하게 되었다. 그리고 군자(君子)라는 표현도 다소 풍자적이어서 오히려 그것이 맘에 들었는지 후세에 곧잘 쓰이게 되었다. 진식은 진심으로 말하였는지도 모르지만.

그는 사람의 사정을 잘 이해해주는 사람이었다. 젊어서부터 현(縣)의 관리가 되어 잡역을 하면서도 언제나 책을 손에서 놓지 않았다. 그것을 인정받아 태학(太學)에서의 수학을 허락받았다. 한때는 살인 혐의를 받아 구금당한 적도 있다. 물론 죄가 없어 석방은 되었으나, 그가 나중에 순찰

관(巡察官)이 되었을 때 자기를 체포했던 자를 찾아 오히려 그를 채용했다고 한다.

그 무렵은 궁중의 환관이 전횡하여 유교를 신봉하는 관료와 심하게 다투어 이것을 탄압한 소위 「당고(黨錮)의 금(禁)」이 있었던 때였다. 진식도 그 탄압으로 체포되었다. 소식을 듣고 다른 사람들은 다 도망쳤으나, 그는 「나까지 도망치면 백성들은 누구를 믿고 살겠는가」 하며 기꺼이 포박되었다고 한다. 후에 당고가 풀렸을 때 대사마(大司馬)인 하진(何進) 등이 중앙에 나와 벼슬하기를 권했으나 끝까지 거절했다.

84세로 그가 죽었을 때 온 나라 안에서 그를 제사지내는 자가 3만이 넘었다고 한다.

행유여력
行有餘力 行有馀力 갈 行 있을 有 남을 餘 힘 力

일을 다 하고도 오히려 힘이 남음.

《논어)》 학이편(學而篇)에 있는 말이다.

공자께서 말씀하셨다.

「젊은 사람은 집에 들어가면 부모님께 효성스럽고, 밖으로 나가면 윗사람에게 공경스러우며, 언행이 근엄하고 믿음성이 있으며, 널리 여러 사람을 사랑하고 인을 가까이하되, 이렇게 하고도 남는 힘이 있으면 그 힘으로 글을 배우는 법이다(子曰 弟子 入則孝 出則弟 謹而信 汎愛衆而親仁 行有餘力 則以學文)」

여기서 제자(弟子)는 젊은 사람을 말한다.

			1 행 行	주 住		2 와 臥			
	3 두 杜					4 신 薪		지 之	로 勞
5 개 開		읍 揖	6 도 盜						
	불 不				7 간 肝	담 膽	상 相		
	출 出		유 有				8 용 勇		
			9 도 道	청 聽	도 塗	10 설 說		설 說	
	11 약 藥		불 不		지 地		매 邁		
						12 촌 寸	진 進		13 퇴 退
	14 감 甘	당 棠	유 遺			철 鐵			
	초 草								삼 三
			15 일 一		경 驚	인 人			사 舍

보기							
腦	來	鳴	門	房	殺	嘗	水
拾	愛	亦	往	照	坐	尺	避

키워드

1가로 : 다니고, 머물고, 앉고, 눕고 하는 일상의 움직임을 통틀어 이르는 말.

2세로 : 섶에 몸을 눕히고 쓸개를 맛본다는 뜻으로, 원수를 갚거나 마음먹은 일을 이루기 위하여 온갖 어려움과 괴로움을 참고 견딤.

3세로 : 집에만 있고 바깥출입을 안 함.

4가로 : 나무를 하고 물을 긷는 수고라는 뜻으로, 천한 일을 이르는 말.

5가로 : 문을 열고 절하여 도둑을 맞아들인다는 뜻으로, 스스로 원해서 재난을 불러들이는 어리석음을 이르는 말.

6세로 : 도둑에게도 도둑 나름의 도덕이 있음을 이르는 말.

7가로 : 「간과 쓸개를 내놓고 서로 내보인다」라는 뜻으로, 서로 마음을 터놓고 친밀히 사귐.

7세로 : 참혹한 죽임을 당하여 간장(肝臟)과 뇌수(腦髓)가 땅에 널려 있다는 뜻으로, 나라를 위하여 목숨을 돌보지 않고 애를 씀.

8세로 : 거리낌 없이 힘차고 용감(勇敢)하게 나아감.

9세로 : 길에 떨어진 물건을 주워 가지지 않는다는 뜻으로, 형벌이 준엄하여 백성이 법을 범하지 않거나 민심이 순후함을 비유하여 이르는 말.

10가로 : 서로 변론을 주고받으며 옥신각신함. 또는 말이 오고 감.

11세로 : 약방의 감초가 어느 처방이든 빠짐없이 들어가듯, 무슨 일에나 빠지지 않고 낌.

12가로 : 한 치를 나아가고 한 자를 물러난다. 얻는 것보다 잃는 것이 많음.

12세로 : 한 치의 쇠붙이로 살인한다는 뜻으로, 날카로운 경구로 상대편의 급소를 찌름을 비유하여 이르는 말.

13세로 : 물러나 90리를 피하다. 남에게 자리를 양보하거나 멀찌감치 물러앉는 것을 비유함.

14가로 : 청렴결백하거나 선정을 베푼 사람을 그리워하는 마음. 감당(甘棠 : 팥배나무).

15가로 : 새가 한 번 울면 사람이 놀란다는 뜻으로, 평소에는 과묵하던 사람이 갑자기 사람을 놀라게 할 만한 일을 해내는 것을 비유하는 말.

풀이

道聽塗說 (도청도설)

道听涂说 　　길 道 들을 聽 진흙 塗 말씀 說

길에서 들은 것을 길에서 이야기한다는 뜻으로, 무슨 말을 들으면 그것을 깊이 생각지 않고 다시 옮기는 경박한 태도를 이르는 말이다. 또한 천박한 사람은 좋은 말을 들어도 그것을 깊이 자기의 것으로 간직하지 못한다는 비유로도 쓰인다.

《논어》 양화편에 나오는 공자의 말인데, 거기에는, 「길에서 듣고 길에서 이야기하는 것은 덕을 버리는 것이다(道聽而塗說 德之棄也)」 라고 했다.

「앞의 길(道)에서 들은 좋은 말(道聽)을 마음에 간직해서 자기 수양의 길잡이로 하지 않고, 뒤의 길에서 바로 다른 사람에게 말해 버리는(塗說) 것은 스스로 그 덕을 버리는 것과 같은 것이다. 선언(善言)은 전부 마음에 잘 간직해서 자기 것으로 하지 않으면 덕을 쌓을 수 없다」

			行	住	坐	臥			
	杜					薪	水	之	勞
開	門	揖	盜			嘗			
	不		亦		肝	膽	相	照	
	出		有		腦		勇		
			道	聽	塗	說	往	說	來
	藥		不		地		邁		
	房		拾			寸	進	尺	退
	甘	棠	遺	愛		鐵			避
	草					殺			三
			一	鳴	驚	人			舍

<해 답>

몸을 닦고(修身), 집안을 정제하고(齊家), 나라를 다스리고(治國), 천하를 평

정해서(平天下) 천도(天道)를 지상에 펴는 것을 이상으로 한 공자는 그러기 위해서 사람들이 엄하게 자기를 규율하고, 인덕을 쌓아 실천해 갈 것을 가르쳤다. 그리하여 덕을 쌓기 위해서는 끊임없는 노력이 필요하다는 것을 《논어》에서 가르치고 있다.

후한의 반고(班固)가 지은 《한서》 예문지에는, 「무릇 소설(小說)의 시초는 군주가 일반 서민의 풍속을 알기 위해 하급 관리에게 명해서 서술시킨 데서부터 시작된다. 즉 세상 이야기나 거리의 소문은 도청도설하는 자들이 만들어낸 것이다」 라고 씌어 있다. 소설이란 말은 이런 의미로서 원래는 「패관(稗官 : 하급관리)소설」 이라고 했으나 후에 그저 소설(小說)이라 부르게 되었다.

어느 세상이거나 오른쪽에서 들은 말을 왼쪽으로 전하는 수다쟁이와 정보통이 많다. 더구나 입에서 입으로 전해지는 동안에 점점 날개가 달리게 된다.

행주좌와
行住坐臥 行住坐臥 다닐 行 살 住 앉을 坐 누울 臥

가고, 머물고, 앉고, 눕는다. 이 네 동작으로 대표되는 인간의 일상 행위를 통하여, 불도(佛道)를 수행하는 사람은 모든 규칙에 어긋남이 없이 마음과 형식이 조화를 이루는 기거행동을 해야 한다는 것이다. 여기서 전의(轉義)하여 지금은 일반적으로 일상의 기거동작을 가리키는 말이 되었다.

「행주좌와 어묵동정(行住坐臥語默動靜)」 이라 해서 걷고, 머물고, 앉아 있거나 누워 있을 때, 말하고, 침묵하고, 움직이거나 가만히 있을 때, 즉 일상생활의 모든 순간순간을 말한다. 이 모든 것이 선(禪)이 아닌 것이 없다,

생활 속에서 최선을 다하는 것이 선이라는 뜻으로 말할 때 사용한다.

와 신 상 담

臥薪嘗膽 卧薪尝胆 누울 臥 섶 薪 맛볼 嘗 쓸개 膽

「섶에 누워 쓸개를 맛본다」는 뜻으로, 원수를 갚을 생각을 잠시도 잊지 않고 패전의 굴욕을 되새겼다는 뜻이다. 「와신상담」은 붙은문자이긴 하지만, 한 사람의 일이 아니고 「와신」과 「상담」 각기 다른 두 사람의 이야기가 합쳐져서 생긴 말이다. 《사기》 월세가(越世家)에 있는 이야기다.

월왕 구천

춘추전국시대 주(周)의 경왕(敬王) 24년 오왕 합려(闔閭)는 월왕 구천(勾踐)과 추리의 싸움에서 월의 군략에 걸려 패했다. 합려는 적의 화살에 손가락에 상처를 입었는데, 패주하는 바람에 충분한 치료를 하지 못한 채 겨우 경이라는 곳까지 도망쳤을 때, 갑자기 그 상처가 악화되어 죽었다. 임종 때 그는 반드시 월에 복수를 하여 자기의 분함을 풀어주도록 태자인 부차(夫差)를 불러 유명(遺命)을 했다.

아버지의 뒤를 이어 오왕이 된 부차의 귀에는 언제나 그 아버지의 유명이 들렸다. 눈에는 언제나 분해하던 임종 시의 아버지 형상이 보였다. 그는 무슨 일이 있어도 아버지의 원한을 풀어 드려야겠다는 굳은 결의로 밤마다 장작 위에 누워(臥薪), 아버지의 유언을 새롭게 하며 복수심을 갈고 갈았다. 뿐더러 그는 자기 방 앞에 사람을 세워 두고 나고 들 때마다 아버지의 유명을 소리쳐 말하게 했다.

오왕 부차는 아버지 묘역에 호구탑(虎丘塔)을 세웠다

「부차야, 아비 죽인 원수를 잊었느냐!」

「결코 잊지 않겠습니다. 3년 내에 반드시 원수를 갚겠습니다!」

부차는 그럴 때마다 이렇게 대답했다.

부차의 이 같은 소식을 들은 월왕 구천은 선수를 써서 오나라를 먼저 쳐들어갔으나 패하고 만다. 싸움에 크게 패한 구천은 겨우 5천 명 남은 군사를 거느리고 회계산에서 농성을 하지만 결국은 견디지 못하고 오나라에 항복을 하고 만다. 구천은 내외가 함께 오나라의 포로가 되어 범려(范蠡)와 함께 갖은 고역과 모욕을 겪은 끝에 영원히 오나라의 속국이 되기를 맹세하고 무사히 귀국한다.

구천은 자기 나라로 돌아오자 일부러 몸과 마음을 괴롭히며, 자리 옆에는 항상 쓸개를 달아매어 두고 앉을 때나 누울 때나 씹으며 쓴맛을 되씹었다. 또 음식을 먹을 때도 먼저 쓸개를 씹고 나서, 「너는 회계의 치욕을 잊었느냐」 하고 자신에게 타이르곤 했다.

월왕 구천이 오나라를 쳐서 이기고 오왕 부차로 하여금 자살하게 만든 것은 이로부터 20년 가까운 뒷날의 일이었다. 「와신상담」이란 문자는 부차의 「와신」과 구천의 「상담」이 합쳐져 된 말이다.

두문불출
杜門不出　杜门不出　막을 杜 문 門 아니 不 날 出

문을 닫아걸고 집 안에만 틀어박혀 밖으로 나다니지 않음. 세상과 인연을 끊고 출입을 하지 않음. 《사기》 상군열전(商君列傳)에 있는 이야기다.

상앙(商鞅)과 진나라의 숨어사는 선비 조양(趙良)이 논쟁하는 장면이 나오는데, 조양이 다음과 같이 상앙을 책하고 있다.

「《시경》에 『쥐에게도 예의가 있는데 사람이면서 예의가 없네. 사람이면서 예의가 없다면 어찌 속히 죽지 않는가』라는 구절이 있거니와, 이 시구에서 보더라도 상군께서 하시는 일은 천수를 누릴 수 없을 것입니다. 공자 건(虔)은 코를 잃은 것을 부끄럽게 생각하며 문을 닫고 밖에 나오지 않기(杜門不出) 8년에 이르렀습니다」

또 《사기》 염파인상여열전에는, 조(趙)나라 북쪽 변방을 지키던 이목(李牧)이라는 장군의 일화가 실려 있다.

이목은 흉노가 쳐들어오면 성안으로 물러나 싸우지 않아, 흉노는 이목을 겁쟁이라 하였고, 조나라 병사들마저도 장군을 비겁하다고 생각하였다. 조나라 왕은 화가 나서 이목을 불러들이고 다른 사람을 장군으로 삼았다. 이로부터 일 년 남짓한 동안에 흉노가 쳐들어올 때마다 조나라 군대는 나가 싸웠지만 그때마다 불리하여 잃는 것이 많았고, 변방을 지키는 백성들은 농사를 짓거나 가축을 기를 수 없었다. 조나라 왕이 다시 이목을 불렀지만, 이목은 문을 걸어닫고 나오지 않으며(杜門不出) 병을 핑계로 완강히 사양했다. 조나라 왕이 다시 강제로 그를 조나라 군대의 장군으로 임명했다. 이목이 말했다.

「왕께서 저를 꼭 기용하신다면 저는 앞서의 방침을 바꾸지 않는다는 조건으로 명령에 따르겠습니다」

왕은 그렇게 하도록 허락했다.

《사기》 사마상여열전에는, 사마상여와 탁문군(卓文君)이 눈이 맞아 혼인하려 하자, 탁문군의 아버지인 탁왕손(卓王孫)이 반대하는 대목이 나오는데, 사마상여는 탁문군과 임공으로 도망가서 말과 수레를 모두 팔아 선술집을 열고 술장사를 한다. 문군에게는 노(鑪 : 사방을 흙으로 에워싸고 가운데 술항아리를 두어 술을 데울 수 있게 만든 화로)에 앉아 술을 팔도록 하고, 상여 자신은 독비곤(犢鼻褌)을 입고 머슴들과 함께 허드렛일을 하고 저잣거리에서 술잔을 닦았다. 탁왕손은 이 소문을 듣고 부끄러워 문을 닫아걸고 나가지 않았다(杜門不出).

신수지로 薪水之勞

薪水之劳 땔나무 薪 물 水 갈 之 수고로울 勞

땔나무를 주워 모으고, 먹을 물을 긷는 수고, 곧 밥을 짓는 노고라는 뜻으로, 일상의 일에 몸을 아끼지 않고 노력하여 남을 섬김을 이르는 말.

개문읍도 開門揖盜

开门揖盗 열 開 문 門 말이을 而 읍 揖 훔칠 盜

「문을 열어 도둑이 들어오게 한다」는 뜻으로, 스스로 재난을 불러들이는 어리석음을 이르는 말. 《삼국지》 오지(吳志)에 있는 이야기다.

후한(後漢)시대 오(吳)나라 군주 손책(孫策)은 젊은 나이로 큰 야망을 품고 세력을 점차 키워 나갔다 오군(吳郡) 태수 허공(許貢)은 손책이 장차 나라의 큰 걱정거리가 되지 않을까 염려하여 황제에게 몰래 상소문을 올렸다. 적당한 벼슬로 손책을 도성에 불러올려 붙들어 두게 하려는 속셈이었다. 그런데 상소문을 가지고 가던 사람이 공교롭게도 검문에 걸리는 바람에 상소문이 손책의 손에 들어가고 말았다. 상소문을 읽어본 손책은 화가 머리끝까지 났다.

「허공, 이놈이 나와 무슨 원수가 졌다고 내 앞길을 막으려 한단 말인가!」

손책은 그런 일을 모른 척하고 허공을 집으로 초청했다. 아무것도 모르는 허공이 찾아오자, 크게 꾸짖으며 그를 단칼에 쳐 죽이고 말았다. 그뿐 아니라 허공의 가족들까지도 무참히 죽여 버렸다. 이때, 허공의 수하에서 식객으로 지내던 세 명의 무사가 백성들 속에 숨어 들어갔다. 이들은 손책을 죽여 허공의 원한을 풀어 주려고 이를 갈고 있었다.

어느 날, 손책이 사냥을 나가자, 이들은 짐짓 몰이꾼으로 따라 나가서 적당한 곳에 숨어 기회를 노렸다. 말을 타고 사슴을 쫓던 손책이 마침내 자기들 쪽으로 달려오자, 세 사람은 비호처럼 뛰어나가 기습 공격했다

손책은 깜짝 놀라 칼을 뽑으려 했으나, 너무 서두르는 바람에 칼은 칼집에서 나오지 않고 손잡이만 쑥 빠지고 말았다 당황한 손책은 활대를 무기 삼아 휘두르며 필사적으로 대항했으나, 온몸에 상처를 입고 말았다 부하 장수들이 조금만 늦게 달려왔어도 손책은 그 자리에서 죽고 말았을 것이다.

겨우 목숨을 건진 손책은 성으로 돌아갔지만 상처가 악화되었다. 자기 목숨이 다한 것을 직감한 손책은 아우 손권(孫權)을 불러 말했다

「인재를 찾아 쓰고 나라를 다스리는 일은 네가 나보다 나을 것이다. 지금 천하가 몹시 어지러우니, 기회를 틈타 큰일을 이루기 바란다」

곧 손책은 숨을 거두었고, 손권은 오나라 주인이 되었다. 그러나 손권은 비탄에 잠겨 눈물만 흘렸다. 이때, 책사 장소(張昭)가 따끔하게 충고했다.

「주군, 언제까지 그렇게 슬퍼만 하실 겁니까? 그건 『문을 열고 절하여 도둑을 불러들이는 것(開門而揖盜)』과 같습니다.」

오왕 손권

손권은 그 말을 듣고 크게 깨달았다. 그 후 오나라는 손권의 지휘 아래 단결하여 힘을 키워, 삼국정립의 시대를 맞게 되었다.

도역유도
盜亦有道 盜亦有道 훔칠 盜 또한 亦 있을 有 도리 道

도둑에게도 도둑의 도리(道理)가 있다는 뜻으로, 모든 것에는 합당한 도리가 있음을 비유한 말. 《장자》 거협(胠篋)편에 있는 이야기다.

도척(盜跖)의 무리들이 도척에게 물었다.

「도둑질에도 도(道)가 있습니까(盜亦有道乎)?」

도척이 대답했다.

「어딘들 도(道)가 없겠느냐? 무릇 사람의 집안에 간직되어 있는 물건을 미루어 알아맞히는 것이 성(聖)이요, 솔선해 앞장서 나서는 것은 용(勇)이요, 훔치고 나올 때 뒤를 맡는 것은 의(義)요, 목적을 달성할 수 있을지 어떨지를 아는 것은 지(知)요, 훔친 것을 공평하게 분배하는 것은 인(仁)이다. 이 다섯 가지 도리를 갖추지 못하고서 큰 도둑이 된 일은 일찍이 천하에 없었다」

이로써 본다면 착한 사람이라도 성인의 도를 얻지 못하면 홀로 설 수 없고, 도척이라도 성인의 도를 얻지 못하면 행세하지 못함을 알 수 있다.

그런데 세상에는 착한 사람은 적고 착하지 않은 사람은 많으니 성인이 천하를 이롭게 하는 일은 적고 해롭게 하는 일은 많다. 그러므로 입술이 없으면 이가 시리고, 노나라의 술이 싱거우면 한단이 포위되고, 성인이 나타나면 큰 도둑이 일어나게 된다는 말이 있게 된 것이다.

간담상조 肝膽相照

肝胆相照 간 肝 쓸개 膽 서로 相 비출 照

「간담상조」는 간과 쓸개를 서로 꺼내 보인다는 말로서, 친구 사이의 진정한 우정을 비유하는 말이다. 이 말은 당송팔대가(唐宋八大家) 중 한 사람인 한유(韓愈, 자는 퇴지)가 그의 친구인 유종원(柳宗元 : 자는 자후)의 우정을 칭송해서 쓴 「유자후묘지명(柳子厚墓誌銘)」에서 비롯된 말이다.

한유와 유종원은 당대(唐代)를 대표하는 대문장가이다. 이들은 모두 당시 유행하던 화려한 문장을 천시하고 고문(古文)을 부흥시키고자 노력했던 사람들로서, 오랜 세월 두터운 우정을 나눈 절친한 친구였다.

헌종(憲宗) 때 유종원은 정쟁에서 밀려나 두 번째로 유주자사(柳州刺

史)로 좌천되었다가 죽고 말았다. 한유는 유종원을 위해서 묘지명을 썼는데, 그 가운데 「간담상조」가 나오는 1절을 소개해 보자.

유종원이 조정의 부름을 받아 유주자사로 임명되었을 때 중산(中山) 사람인 유몽득(柳夢得 : 이름은 우석) 또한 파주(播州) 자사로 임명될 예정이었다. 그 말을 들은 유종원은 울면서 말했다.

유종원

「파주는 척박한 변방의 땅으로 도저히 몽득 같은 사람이 살 곳이 못된다. 노령인 모친을 모시고 부임할 수도 없을 테고 또 그 사실을 어떻게 모친에게 알릴 수 있겠는가! 난처해 할 것을 차마 볼 수가 없다. 내가 몽득 대신 파주 행을 지원해야겠다. 물론 무거운 책망을 듣겠지만 그것은 각오한 바이다」

한유는 이에 이어, 「사람이 어려운 지경에 처했을 때야 비로소 진정한 절의(節義)가 드러나는 법이다. 아무 걱정 없이 살아갈 때는 서로 아껴 주며 술자리나 잔치자리에 부르곤 한다. 때로는 농담도 하고 서로 사양하고 손을 맞잡기도 한다. 그뿐이겠는가. 죽어도 배신하지 말자고 『쓸개와 간을 서로 내보이며(肝膽相照)』 맹세한다. 하지만 조금이라도 이해관계가 엇갈리면 눈길을 돌리며 마치 모르는 사람 대하듯 한다. 함정에 빠진 사람을 구해 주기는커녕 오히려 구덩이 속으로 밀어 넣고 돌을 던지는 사람이 이 세상에는 널려 있다」

이렇게 본다면 「간담상조」라는 말도 그 발생의 근원에 있어 이미 허위나 배반의 요소를 내포하고 있는 것이 아닐까.

진정한 간담상조하는 우정이란 세상에 드문 일이니만큼 더욱 더 높은 가치를 갖는다고나 할까?

간뇌도지 肝腦塗地 肝脑涂地 간 肝 뇌 腦 칠할 塗 땅 地

한고조 유방

참살을 당하여 간과 뇌가 땅바닥에 으깨어졌다는 뜻으로, 나라 일에 목숨을 돌보지 않고 힘을 다함을 이름.

《사기》 유경열전(劉敬列傳)에 있는 말이다.

제(齊)나라 유경(劉敬)이 한나라 고조(유방)에게 관중에 도읍해야 한다고 진언했다.

「폐하는 거병(擧兵) 이래로 큰 싸움을 70여 차례, 작은 싸움을 40여 차례나 하여 천하의 백성들의 간이나 뇌를 진흙땅에 으깨었으며(肝腦塗地), 그 부자의 뼈를 황야에 드러나게 한 것은 이루 헤아릴 수가 없습니다. 죽은 자를 서러워하는 곡소리는 아직도 그치지 않으며, 상처 입은 자는 아직도 일어서지 못하고 있습니다」

☞ 일패도지(一敗塗地)

용 왕 매 진

勇往邁進 勇往迈进 날랠 勇 갈 往 갈 邁 나아갈 進

거리낌 없이 힘차고 용감하게 똑바로 나아가기만 함.

도 불 습 유

道不拾遺 道不拾遗 길 道 아니 不 주울 拾 잃을 遺

선정이 베풀어져 세상이 잘 다스려지고, 백성들의 도덕심이 높음. 나라가 태평하고 민심이 순박해서 남의 것을 탐내지 않는 사회가 된 것을 단적으로 표현한 말이다. 원래는 선정(善政)의 극치를 표현해서 한 말이었는데, 상앙(商鞅)의 경우와 같이 법이 너무 엄해서 겁을 먹고 길에 떨어진 것을 줍지 못하는 예도 있었다.

《사기》 공자세가(孔子世家)에 이런 이야기가 있다.

공자가 노나라 정승으로 석 달 동안 정치를 하게 되자, 송아지나 돼지를 팔러 가는 사람이 아침에 물을 먹이는 일이 없고, 길에 떨어진 것을 줍는 사람이 없었다고 전한다. 돼지나 소에게 물을 먹여 팔러 가지 않는다는 것은 오늘의 우리 도축업자들이 곱씹어 봐야 할 말이다.

자산(淸 화가 금농회)

또 정나라 재상 자산(子産)은 공자가 형처럼 대했다는 훌륭한 정치가였는데, 그는 정승이 되자 급변하는 정세를 잘 파악하여 국내의 낡은 제도를 개혁하는 한편, 계급의 구별 없이 인재를 뽑아 쓰고, 귀족에게 주었던 지나친 특권을 시정하여 위아래가 다 같이 호응할 수 있는 적당한 선에서 모든 정책을 이끌어 나갔기 때문에 나라가 태평을 이루어 도적이 자취를 감추고(國無盜賊), 백성들이 길에 떨어진 것을 줍지 않게(道不拾遺) 되었다고 한다.

도적을 없애는 근본 문제도, 길에 떨어진 것을 줍지 않게 되는 까닭도 역시 그 바탕은 먹는 문제를 해결해 주는 데 있다. 「도불습유」 이야기는 나라가 잘 다스려지고 있다는 대명사로 쓰이고 있다.

설 왕 설 래

說往說來

说往说来 말씀 說 갈 往 올 來

서로 변론(辯論)을 주고받으며 옥신각신함

약 방 감 초

藥房甘草

药房甘草 약 藥 방 房 달 甘 풀 草

약방의 감초라는 뜻으로, 약방의 감초가 어느 처방이든 빠짐없이 들어가듯, 무슨 일에나 빠지지 않고 끼는 것을 말한다.

촌 진 척 퇴

寸進尺退

寸进尺退 마디 寸 나아갈 進 자 尺 물어날 退

「한 치를 나아가고 한 자를 물러난다」 라는 뜻으로, 얻는 것은 적고 잃는 것은 많다는 말이다.

《노자》 제69장에 있는 말이다.

노 자

「용병에 관하여 『내가 감히 주체가 되려 하지 않고 객체가 되며, 감히 한 치를 나아가지 않고 한 자를 물러선다(吾不敢爲主而爲客 不敢進寸而退尺)』라는 말이 있다. 이것을 행하되 행하지 않는 것처럼 하고, 팔을 휘두르되 팔을 들지 않은 것처럼 하고, 적과 대치하되 적을 공격하지 않는 것처럼 하고, 무기를 쥐고 있되 무기를 가지고 있지 않은 것처럼 한다는 것이다. 적을 가볍게 여기는 것보다 더 큰 재앙이 없으니, 가벼이 여기면 나의 보배를 잃게 된다. 그러므로 거병하여 서로 항거할 때는 슬퍼하는 자가 승리한다(是謂行無行 攘無臂 扔無敵 執無兵 禍莫大於輕敵 輕敵幾喪吾寶 故抗兵相若 哀者勝矣)」

「진촌퇴척(進寸退尺)」이라고도 한다.

촌철살인 寸鐵殺人

寸铁杀人 마디 寸 쇠 鐵 죽일 殺 사람 人

한 치의 쇠붙이로 살인한다는 뜻으로, 날카로운 경구로 상대편의 급소를 찌름을 비유하여 이르는 말. 「촌철」은 한 치밖에 안 되는 쇠란 말로,

주머니칼 같은 작은 것을 가리켜서 하는 말이다. 「촌철도 몸에 지니지 않았다(身無寸鐵)」든가, 「촌철살인」이라고 할 때는 극히 작은 무기를 뜻한다.

남동(南東)의 나대경(羅大經)이 지은 《학림옥로》에 있는 말이다. 이 책은 천 · 지 · 인 3부로 나뉘어져 있는 전체 18권으로 된 책이다. 지부의 제7권 「살인 수단」이란 제목 아래 다음과 같이 씌어 있다.

「종고선사(宗皐禪師)가 선(禪)에 대해서 말했다. 『비유하면 사람이 수레에 무기를 싣고 와서, 이것도 꺼내 써 보고, 저것도 꺼내 써 보는 것은 올바른 살인수단이 되지 못한다. 나는 오직 촌철이 있을 뿐, 그것으로 사람을 당장 죽일 수 있다(我則只有寸鐵 便可殺人)』」

종고는 북송 임제종의 선승(禪僧)으로 대혜선사라 불렀다. 그가 여기서 말한 살인은 사람의 마음속을 점령하고 있는 속된 생각을 완전히 쫓아 없애는 것을 말한 것이다. 그 속된 생각을 성급하게 없애려 하여 이런 방법 저런 방법을 쓰는 것은 모두 서툰 수작이다. 내게는 오직 한 가지만을 깊이 생각하여 번쩍 하고 깨치는 순간 모든 잡념이 달아나게 된다는 뜻이다. 신문의 사설 따위의 한 구절 글이 사회에 끼치는 영향은 실로 상당하다 할 것이다.

퇴피삼사 退避三舍 　退避叁舍　　물러날 退 피할 避 석 三 삼십리 사

「물러나 90리를 피하다」라는 뜻으로, 「舍」는 옛날 행군할 때 30리(里)를 이르던 말이다. 대치하고 있는 적군으로부터 충돌을 피하기 위해 멀찌감치 물러남을 비유한 말.

춘추시대 진나라 헌공(獻公)은 애첩의 이간질에 속아 태자인 아들 신생(申生)을 죽이고, 신생의 동생인 중이(重耳)마저 죽이려 하였다. 공자 중이는 도망을 쳐 여러 나라를 돌아다니다가 초(楚)나라에 도착하였다. 초나라 성왕(成王)은 중이가 나중에 반드시 큰 인물이 되리라는 것을 알아보고 예를 다하여 맞이하고는 귀빈으로 대접하며 그에게 물었다.

진문공 복국도(復國圖)

「공자가 만약 진나라로 돌아가 군주가 될 수 있다면, 나에게 무엇으로 보답을 하겠소?」

중이가 대답하였다.

「아름다운 여자나 옥(玉)이나 비단 같은 것은 이미 많이 소유하고 계시고, 좋은 새 깃(羽)이나 상아(象牙), 모피(毛皮) 같은 것도 다 이곳에서 생산되옵니다. 그것들이 우리나라에 나돈다면, 그건 군주께서 쓰시고 남는 것일 텐데, 제가 무엇으로 군주께 보답해야겠습니까?」

「그렇다고는 할지라도 무언가 내게 보답을 해야 하지 않겠소?」

그러자 중이는 이렇게 말했다.

「제가 만일 군주의 은혜로 진(晉)나라로 돌아가, 훗날 진나라와 초나라가 군사를 거느리고 중원(中原) 땅에서 만나 싸우게 된다면, 저는 군주를 피해 90리를 물러나고(晉楚治兵 遇于中原 其避君三舍), 그래도 군주께서 싸움을 그만두자는 명을 내리시지 않으신다면, 왼편에는 매와 화살을

진문공

들고, 오른편에는 화살 자루와 칼집을 차고서는 군주와 같이 달려 나가겠습니다」

이에 성왕의 신하들이 중이를 죽이자고 하였으나 성왕은 듣지 않았다. 나중에 중이는 진나라로 돌아가 왕위에 올랐는데, 그가 바로 진 문공(晉文公)이다. 문공이 다스린 뒤로부터 진나라는 날로 강성해졌다.

기원전 633년에 진나라는 초나라와 싸우게 되었는데, 문공은 약속을 지켜 군대를 90리 뒤로 물러나도록 하였다. 초나라의 장군은 문공의 뜻을 모르고 두려워서 후퇴한 것이라고만 여겨 결전을 벌였다가 대패하였다.

감당유애 甘棠遺愛

甘棠遺愛　달 甘 팥배나무 棠 남을 遺 사랑 愛

청렴결백하거나 선정(善政)을 베푼 사람을 그리워하는 마음.

주(周)나라 성왕(成王) 때 주공과 소공(召公)은 왕의 숙부로서 어린 성왕을 도와 왕조의 기반을 확립하였다. 무왕의 동생인 주공(周公)과 소공은 무왕의 아들로서 어린 나이에 왕위에 오른 성왕을 보필하여 정치를 보살폈다.

《시경(詩經)》 소남편(召南篇)에 「감당(甘棠)」이라는 시가 있다.

우거진 팥배나무
치지도 말고 베지도 마오
소백이 쉬던 곳이라오

蔽芾甘棠　勿剪勿伐　召伯所茇
폐불감당　물전물벌　소백소발

소 공

어느 날, 소공은 남쪽을 순시하다가 한수(漢水) 상류의 한 마을을 방문하고, 백성들의 어려움을 해결하여 주었다. 그 곳의 백성들은 매우 감동하여 자자손손 소공의 공을 잊지 못하였다고 한다. 소공은 남쪽지방을 순시하면서 팥배나무 아래에서 일을 처리하며 쉬기를 즐겨하였다. 그가 죽자 그 팥배나무는 소공수(召公樹)라 불리게 되었으며, 많은 사람들이 나무 아래 모여 소공의 인정(仁政)을 기렸다고 한다.

일명경인
一鳴驚人

一鸣惊人　　한 一 울 鳴 놀랄 驚 사람 人

「새가 한번 울면 사람이 놀란다」는 뜻으로, 평소에는 과묵하던 사람이 갑자기 사람을 놀라게 할 만한 일을 해내는 것을 비유하는 말이다.

《사기(史記)》 골계열전(滑稽列傳)에 있는 이야기다.

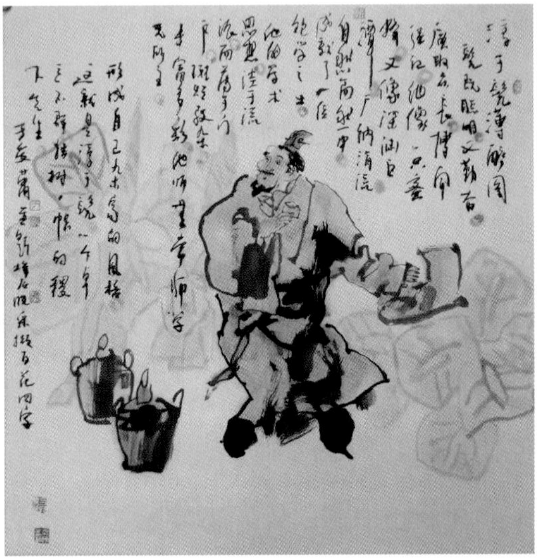

순우곤

춘추전국시대 제(齊)나라 위왕(威王) 때 일이다. 위왕은 수수께끼 풀기를 좋아했고, 음탕하게 놀며 밤새도록 술 마시기를 즐겼다. 술에 빠져 나랏일을 돌보지 않고 정치를 경과 대부들에게 맡겼다. 문무백관들의 질서는 문란해졌고, 제후들이 한꺼번에 침략하여 나라의 존망이 조석에 놓이게 되었다. 그런데도 주위 신하들 가운데 감히 간언하는 자가 없었다. 이때 순우곤이 왕에게 수수께끼로 빗대어 이렇게 말했다.

「나라 안에 큰 새가 있는데, 대궐 뜰에 앉아서 3년 동안이나 날지도 않고 울지도 않고 있습니다. 대왕께서는 이 새가 무슨 새인지 아십니까?(三年不飛又不鳴 王知此鳥何也)」

왕이 대답했다. 「이 새는 날지 않으면 몰라도 한번 날면 하늘에 치솟아 오르고, 울지 않으면 몰라도 한번 울면 사람들을 놀래게 만든다(不飛則已 一飛沖天 不鳴則已 一鳴驚人)」

그래서 위왕은 각 현의 현령과 현장(縣長) 72명을 조정으로 불러들여, 그 중에서 한 사람을 상주고 한 사람을 사형에 처했다. 그런 뒤에 군사를 일으켜 출정했다. 제후들은 크게 놀라 그 동안 침략해서 차지했던 제나라의 땅을 모두 돌려주었다. 그 뒤로 제나라의 위엄이 36년간이나 떨쳐졌다.

제위왕

		1 수 守	주 株		2 토 兎			3 묘 猫	
					4 라나 羅		굴 堀	서 鼠	
		5 가 家	6 계 鷄	야 野					
	7 단 簞				리 罹	8 연 燕	작 雀	처 處	
9 반 伴	사식 食		상 相						
			문 聞	일 一	10 지 知	11 십 十		12 일 一	반 飯
	음 飮								
			13 만 萬		필 必	동 東		대 帶	
14 항 恒		반 飯	사 事		개 改		15 배 背	수 水	
16 유 有	무 無		통 通						

보기								
	犬	過	茶	堂	待	同	相	匙
	衣	雀	宰	折	陣	雉	瓢	亨

키워드

1가로 : 그루터기를 지켜 토끼를 기다린다는 뜻으로, 고지식하고 융통성이 없어 구습(舊習)과 전례(前例)만 고집함.

2세로 : 토끼그물에 꿩이 걸린다는 뜻으로, 소인(小人)은 계교(計巧)로 죄에서 벗어나고, 군자가 도리어 화를 입음을 이르는 말.

3세로 : 고양이와 쥐가 함께 있다는 뜻으로, 곧, 도둑을 잡아야 할 사람이 도둑과 한패가 됨.

4가로 : 그물로 참새를 잡고 땅을 파서 쥐를 잡는다는 뜻으로, 최악의 상태에 이르러 어찌할 방법이 없음을 비유하는 말.

5가로 : 집의 닭을 미워하고 들의 꿩을 사랑한다는 뜻으로, 아내를 소박(疏薄)하고 첩을 좋아함.

6세로 : 닭이 울고 개가 짖는다는 뜻으로, 인가가 잇대어 있음을 비유적으로 이르는 말.

7세로 : 대나무그릇 밥과 표주박 물이라는 뜻으로, 청빈하고 소박한 생활.

8가로 : 「처마 밑에 사는 제비와 참새」라는 뜻으로, 편안한 생활에 젖어 위험이 닥쳐오는 줄도 모르고 조금도 경각심을 갖지 않음.

9가로 : 무위도식으로 자리만 차지하고 있는 무능한 대신(大臣)을 비꼬는 말.

10세로 : 누구나 허물이 있는 것이니, 허물을 알면 즉시 고쳐야 함.

11세로 : 밥 열 술이 한 그릇이 된다는 뜻으로, 여러 사람이 조금씩 힘을 합하면 한 사람을 돕기 쉬움을 이르는 말.

12세로 : 한 줄기 옷의 띠와 같이 좁게 흐르는 강물.

13가로 : 강물이 만 번을 꺾여 굽이쳐 흐르더라도 필경 동쪽으로 흘러간다는 뜻으로, 일이 원래 뜻대로 되거나 충신의 절개는 꺾을 수 없음의 비유.

13가로 : 모든 일이 거리낌 없이 뜻대로 잘됨.

14가로 : 차를 마시고 밥을 먹는 일이라는 뜻으로, 보통 있는 예사로운 일.

15가로 : 물을 등지고 진을 친다는 뜻으로 결사적인 각오로 임한다는 말. 3자

16가로 : 있는 것과 없는 것을 서로 융통함.

풀 이

聞一知十 (문 일 지 십)

闻一知十　　　들을 聞 한 一 알 知 열 十

하나를 듣고 열을 미루어 앎. 곧 지극히 총명함.

《논어》 공야장편(公冶長篇)에 있는 말이다.

공자가 자공(子貢)을 불러 물었다.

「너와 안회(顔回) 둘 가운데 누가 낫다고 생각하느냐?」

공자의 제자가 3천 명이나 되었고, 후세에 이름을 남긴 제자가 72명이나 되지만, 당시 재주로는 자공을 첫손에 꼽고 있었다. 실상 안회는 자공보다 월등 나은 편이었지만, 그는 공자가 말했듯이 통 아는 기색을 하지 않는 바보 같은 사람이기도 했다. 공자는 안회와 자공을 다 같이 사랑했지만, 안회를 나무란 일은 한 번도 없었다. 항상 꾸중을 듣는 자공이 실상 속으로는 안회를 시기하고 있었을 것으로 보는 사람들도 있다. 그래서 공자는 스스로 재주를 자부하고 있는 자공이 안회를 어떻게 보고 있는가가 궁금하기도 했다. 자공은 서슴지 않고 이렇게 대답했다.

		守	株	待	兎			猫	
					羅	雀	堀	鼠	
		家	鷄	野	雉			同	
	簞		犬		罹	燕	雀	處	堂
伴	食	宰	相						
	瓢		聞	一	知	十	匙	一	飯
	飮				過			衣	
			萬	折	必	東		帶	
恒	茶	飯	事		改		背	水	陣
			亨						
有	無	相	通						

<해 답>

「사(賜 : 자공의 이름)가 어찌 감히 회(안회)를 바랄

수 있습니까. 회는 하나를 들으면 열을 알고, 사는 하나를 들으면 둘을 알 뿐입니다(賜也何敢望回　回也聞一以知十　賜也聞一以知二)」

안 회

하나를 들으면 열을 안다는 것은, 한 부분만 들으면 전체를 다 안다는 뜻으로 후세 사람들은 풀이하고 있다. 하나를 들으면 둘을 안다는 것은 반쯤 들으면 결론을 얻게 되는 그런 정도라고나 할까. 공자는 자공의 대답에 만족했다. 역시 자공은 알고 있구나 하는 생각이 들었다. 그래서 「네가 안회만은 못하다. 나도 네 말을 시인한다」고 말했다.

수주대토 守株待兎

守株待兎　지킬 守 그루 株 기다릴 待 토끼 兎

「그루터기를 지키며 토끼 나오기만을 기다린다」는 뜻으로, 어떤 착각에 사로잡혀서 안 될 일을 고집하고 있는 어리석음을 비유해서 하는 말이다. 주(株)는 나무를 베고 남은 그루터기를 말한다.

《한비자》 오두편에 있는 이야기다.

한비(韓非)는 요순을 이상으로 하는 왕도정치를 시대에 뒤떨어진 생각이라 주장한다. 그는 시대의 변천은 돌고 도는 것이 아니라 진화하는 것이라 보고 복고주의(復古主義)를 진화에 역행하는 어리석은 착각이라고 주장한다. 그는 이러한 주장 끝에, 그의 주장에 반대하는 사람들을 다음과

수주대토 소상(塑像)

같은 이야기로 비유하고 있다.

송(宋)나라에 한 농부가 있었다. 하루는 밭을 가는데, 토끼가 한 마리 달려가더니 밭 가운데 있는 그루터기에 머리를 들이받고 목이 부러져 죽었다. 그것을 본 농부는 토끼가 또 그렇게 달려와 죽을 줄 알고 쟁기를 놓아둔 채 그루터기만을 지켜보고 있었다. 그러나 토끼는 다시 나오지 않았다. 결국 온 나라 사람들에게 웃음거리만 되고 말았다.

이 우화에서 낡은 관습을 지키며 새로운 시대에 순응할 줄 모르는 것을 가리켜 「수주(守株)」니 「수주대토」니 하고 말한다.

토라치리 兎羅雉罹

兎罗雉罹　토끼 兎 그물 羅 꿩 雉 걸릴 罹

토끼를 잡으려고 쳐놓은 그물에 꿩이 걸린다. 소인이 계고(計考)를 써서 죄를 벗어나고 군자(君子)가 도리어 화(禍)를 입는 경우를 비유함.

묘서동처 猫鼠同處

猫鼠同处　고양이 猫 쥐 鼠 함께 同 살 處

쥐와 고양이가 함께 산다는 뜻으로, 도둑을 잡아야 할 사람이 도둑과 한

패가 됨. 곧 위아래가 부정하게 결탁하여 나쁜 짓을 함을 이르는 말로 쓰인다.

이 성어는 관리들이 결탁하여 부정을 저지르는 것을 말하고 있다.

《신당서(新唐書)》 서요(鼠妖)에 있는 이야기다.

당나라 고종(高宗) 때 일이다. 낙주(洛州) 지방에 고양이와 쥐가 같이 살고 있는 요상한 일이 있었다. 쥐라고 하는 놈을 굴을 파고 들어와 곡식을 훔쳐 먹는 놈이고, 고양이는 이놈(쥐)을 잡는 것인데, 그 일을 하지 않고 쥐와 같이 살았다. 이것은 도둑놈을 잡는 일을 맡은 자가 그 직을 폐하고 같이 간사한 짓을 하는 것과 같다(龍朔元年十一月 洛州貓鼠同處 鼠隱伏象盜竊 貓職捕齧 而反與鼠同 象司盜者廢職容奸).

「묘서동면(猫鼠同眠)」이라고도 한다.

나작굴서
羅雀掘鼠

羅雀掘鼠 그물 羅 참새 雀 팔 掘 쥐 鼠

그물로 참새를 잡고 땅을 파서 쥐를 잡는다는 뜻으로, 최악의 상태에 이르러 어찌할 방법이 없음을 비유하는 말이다.

《신당서(新唐書)》 장순전(張巡傳)에 있는 이야기다.

당나라 현종(玄宗)의 통치 말년에 장순(張巡)이라는 장수가 있었다. 그는 충직한 신하로서 재주도 많고 담력 또한 컸으며 의기로운 인물이었다. 안녹산(安祿山)의 난으로 나라가 혼란스러웠을 때, 그는 허원일(許遠一)이라는 자와 함께 수양의 성을 수비하고 있었다. 안녹산의 아들 안경서(安慶緖)가 대장군 윤자기(尹子奇)를 보내 수양 성을 공격했다. 그러나 장순을 따라 성(城)을 지키고 있는 군사는 겨우 3천여 명에 불과하여, 10여만 명의 반란군

안녹산의 난(日 화가 가노 산라쿠)

을 대적하기에는 역부족이었다. 장순은 비록 병사의 숫자 면에서는 열세를 면치 못하였지만, 죽음을 각오하고 성을 지키려고 하였다.

의기양양한 반란군들은 갖은 방법을 동원해 성을 공격하는가 하면, 온갖 회유로 항복을 겁박하였다. 그렇지만 장순은 끝까지 항복하지 않았다.

반란군에 포위된 지 며칠이 지나자, 성 안에 비축해 놓은 군량미는 바닥이 났고, 군량미의 공급도 되지 않아 병사들은 굶주림에 허덕이게 되었다. 허기에 지친 병사들은 나무껍질을 벗겨 씹어 먹기도 하고, 그물을 쳐서 참새를 잡아먹기도 하였으며, 또 땅을 파서 쥐를 잡으며, 갑옷과 활에 붙어있는 소가죽을 삶아서 굶주림을 달랬다(至羅雀掘鼠 煮鎧弩以食).

장순은 지휘관으로서 자식과도 같은 병사들의 몸부림을 안타깝게 여겨 마침내 자기 아내를 죽여 국을 끓여서 병사들에게 먹이기까지 하였다. 그러나 상황은 시간이 흐를수록 더욱 악화되어 갔고, 더 이상 성을 고수한다는 것은 불가능하게 되었다. 그래서 결국 성으로 진격해 들어오는 반란군의 포로가 되었다.

그러나 장순이 항복을 한 것은 아니었다. 그는 항복을 요구하는 반란군들을 향하여 매서운 눈초리로 쏘아보고는 청천벽력 같은 소리로 한바탕 욕설을 퍼부었다. 그러자 반란군은 그 자리에서 그의 목을 베었다. 장순의 죽음을 지켜보고만 있을 수밖에 없었던 장순의 부하들은 눈물을 흘리지 않을 수 없었으며, 그의 죽음과 바꾼 충성심에 새삼 고개를 떨어뜨렸다.

최악의 조건 속에서도 자신의 뜻을 굽히지 않고 절개를 지킨 장순의 사람됨은 오래도록 칭송되었다.

상구(商丘)에 있는 장순의 사당

가계야치 家鷄野雉

家鷄野雉 집 家 닭 鷄 들 野 꿩 雉

집 안의 닭은 천하게 여기고 들판의 꿩만 귀히 여긴다는 뜻으로, 자기 집의 것은 하찮게 여기고 남의 집 것만 좋게 여기는 것을 비유하는 말이다.

남조(南朝) 송(宋)나라 때 하법성(何法盛)이 지은 동진(東晋) 때의 사적을 기록한 기전체 《진중흥서(晉中興書)》에 있는 이야기다.

진나라에 유익(庾翼)이라는 사람은 한때 왕희지(王羲之)에 비견될 정도로 뛰어난 서예가였다. 그러나 정치와 군사(軍事)에 바빠 글씨 쓰는 데 소홀하다 보니 필력이 퇴보할 수밖에 없었다. 반면 왕희지는 벼슬에는 뜻을 두지 않고 산천을 주유하며 비문에 새겨진 역대의 서법과 서체를 연구하는 등 노력을 게을리 하지 않았다.

이런 왕희지 글씨는 온 세상에 명성이 자자했고 양가의 자제는 물론 도성의 젊은이들은 당시 유행하던 왕희지의 서법을 배우고 싶어 했다. 급기야는 유익의 아들이나 조카들까지도 가문 대대로 내려온 서법을 버리고 왕희지의 글씨체와 서법을 흉내 냈다.

왕희지

이 때문에 심기가 매우 불편해진 유익은 그는 형주에 있을 때 친구에게 쓴 한 편지 속에,

「지금 내 자식과 조카들까지도 집안의 닭은 싫어하고 들판의 꿩만 좋아하네. 내가 장차 도성에 돌아가면 마땅히 그의 글씨에 견줄 수 있을 것이다(小兒輩賤家鷄愛野雉 皆學逸少書 須吾下當比之)」하며 푸념을 토로했다고 한다.

계견상문
鷄犬相聞 鸡犭相闻 닭 鷄 개 犬 서로 相 물을 聞

닭이 울고 개가 짖는 소리가 여기저기에서 들린다는 뜻으로, 인가나 촌락이 잇대어 있음을 가리키는 말. 《노자》 제80장에 있는 말이다.

「나라는 작고 백성은 적으며(小國寡民), 여러 가지 기구가 있어도 쓰지 않게 된다. 백성은 생명이 중한 것을 알아 멀리 떠나가는 일도 없고, 배며 수레가 있어도 타고 갈 곳이 없으며, 무기가 있어도 쓸 곳이 없다. 백성들도 다시 옛날로 돌아가 글자 대신 노끈을 매어 쓰게 하고, 그들의 먹는 것을 달게 여기고, 그들의 입는 것을 아름답게 여기며, 그들의 삶을 편안히 여기고, 그들의 관습을 즐기게 한다. 이웃나라끼리 서로 바라보며 닭 울음과 개 짖는 소리가 서로 들리지만(鷄犬之聲相聞), 백성들은 늙어 죽도록 서로 가고 오는 일이 없다(民至勞使不相往來)」

이른바 약소국가를 가리킨 말 같은데 실은 그것이 아니고 가장 평화롭고 이상적인 사회를 말한다. 노자가 그린 이상사회다.

簞食瓢飮 (단사표음)

簞食瓢飮 도시락 簞 먹일 食(사) 표주박 瓢 마실 飮

단(簞)은 대나무로 엮어 만든 도시락, 표(瓢)는 바가지. 한 도시락밥과 한 바가지의 물이란 뜻으로, 굶지 않을 정도의 가난한 식생활을 말한다.

안 회

이 말은 《논어》 옹야편(雍也篇)에서 공자가 안자(顔子 : 안회)를 칭찬한 말 가운데 나온다. 공자의 제자는 3천, 그 중에서도 고제(高弟)는 77명, 흔히 이것을 「칠십자(七十子)」라고 하는데, 이 칠십자 가운데서도 공자가 「현(賢)」이라 칭하고 「인(仁)」이라 칭하여 거의 완벽한 인격을 갖춘 인물로서 가장 신뢰하고 있던 제자가 안회였다.

「어질도다, 회여. 한 도시락밥과 한 바가지 물로 더러운 골목에 사는 것을 사람들은 그 고생을 견디지 못해 하는데, 회는 그 즐거움을 고치지 않으니 어질도다, 회여!(賢哉回也 一簞食一瓢飮 在陋巷 人不堪其憂 回也不改其樂 賢哉回也)」

겨우 목숨을 이어가기 위한 음식물로 더럽고 구석진 뒷골목 오두막집에 산다는 것은 누구나가 그 고생을 견디기가 어려운 것이다. 그러나 안회는 그런 가난에 마음이 흔들리는 일이 없이 그가 깨달은 진리 속에 남이 알지

공자 제자 72현

못하는 즐거움을 그대로 간직하고 있었기 때문에 공자는 이 같은 칭찬을 아끼지 않았던 것이다. 즉「일단사일표음」은 인간의 최저생활을 뜻한 말이었다. 공자는 술이편(述而篇)에서 이렇게 자신의 심경을 말하고 있다.

「거친 밥 먹고, 물마시고 팔을 베고 자도, 즐거움이 또한 그 속에 있다. 옳지 못한 부귀나 명성 같은 것은 내게 있어서 뜬구름과 같다(飯疏食飲水曲肱而枕之 樂亦在其中矣 不義而富且貴 於我如浮雲)」

공자의 이런 심경이 바로 안회의 심경이었던 것이다. 공자는 노애공(魯哀公)이, 「제자들 중에 누가 제일 학문을 좋아합니까?」하고 물었을 때,

「안회가 학문을 좋아해서 노여움을 옮기지 않고, 같은 잘못을 두 번 되풀이하는 일이 없더니, 지금은 죽고 없는지라, 아직 학문을 좋아하는 사람이 있는 것을 듣지 못했습니다」하고 대답했다.

노여움을 옮기지 않는다는 것은 노여움이 그 사람을 위한 한 방편이었지 절대로 감정에서 나온 것이 아님을 뜻한다. 즉 사물에 의해 마음이 동요되는 일이 없음을 말한다. 두 번 잘못을 되풀이하지 않는다는 것은, 잘못인 줄만 알면 자연 하지 않게 된다는 뜻으로, 모든 행동이 이성(理性)에 따라 절로 움직여지게 되는 것을 말한다. 공자는 또 그를 칭찬하여, 「회는 나를 도와주는 사람이 아니다. 내 말을 좋아하지 않는 것이 없다」라고 했다.

「단사표음」은 초야에 묻혀 사는 은사들의 생활의 표상이 되었다. 옹

야편의 표현 그대로 「일단사일표음(一簞食一瓢飮)」 이라고도 한다.

燕雀處堂 (연작처당)

燕雀处堂　　제비 燕 참새 雀 살 處 집 堂

「처마 밑에 사는 제비와 참새」 라는 뜻으로, 편안한 생활에 젖어 경각심을 잃고 위험이 닥쳐오는 줄도 모름을 비유하는 말이다. 공자(孔子)의 9세 손인 공부(孔鮒)가 지은 《공총자(孔叢子)》 논세(論世)편에 있는 이야기다.

전국시대, 진(秦)나라가 조(趙)나라를 침공하였다. 조나라에 이웃한 위(魏)나라의 대부들은 하나같이 어느 쪽이 이기든 위나라에 나쁠 것이 없다고 판단하였다. 그러나 재상 자순(子順)만은 이를 반박하며 대부들에게 무슨 근거로 그런 주장을 하느냐고 묻자 대부들은, 「진(秦)나라가 조(趙)나라를 이기면 위나라는 진나라와 화친을 하고 진나라가 지면 위나라는 이 틈을 타서 진나라를 쳐서 이길 수 있다」 는 것이었다.

그러자 자순은 대부들의 견해가 부당함을 말했다.

「진나라는 탐욕스럽고 난폭해 조나라와 싸워 이긴 뒤에는 틀림없이 다른 나라를 또 침략할 터이니, 우리나라가 위험에 처하게 될 것이오. 선인들의 말 가운데 『연작은 사람의 집에 둥지를 틀고 새끼와 어미가 서로 먹이를 먹여주면서 화락하게 지내며 스스로 안전하다고 여긴다. 그 집의 굴뚝으로부터 불이 나서 마룻대와 추녀를 태우려고 하는데도 연작은 얼굴색도 변하지 않고 재앙이 자신에게 미치는 줄 모른다』 라는 말이 있소. 지금 그대들은 조나라가 멸망한 뒤에 재난이 자신에게 미치리라고는 생각조차 하지 않고 있으니 사람이 연작과 똑같다고 할 수 있지 않겠소?」

「제비와 참새가 처마 밑에 둥지를 틀고서 장차 큰 집이 타버릴 것도 모르고 있다(燕雀處堂 不知大廈之將焚)」라고 한 데서 나온 말이다.

伴食宰相

반식재상

伴食宰相 의지할 伴 먹을 食 우두머리 宰 서로 相

「남의 음식에 곁붙어 얻어먹는 재상」이라는 뜻으로, 자리만 차지하고 있는 무능한 벼슬아치를 빗댄 말이다.

《당서(唐書)》 노회신전(盧懷愼傳)에 있는 이야기다.

당나라 현종(玄宗)은 즉위한 이듬해(713년) 연호를 개원(開元)이라고 고치고 태평공주(太平公主 : 측천무후의 딸) 일파를 제거하자, 다음 개원 2년에는 백관의 주옥금수(珠玉錦繡)를 궁전 안마당에 쌓아 놓고 불을 질렀으며, 백관에서 궁녀에 이르기까지 각각 그 직분에 걸맞은 의복을 규정하고 사치에 흐르는 것을 경계했다.

국가의 치란흥망(治亂興亡)의 자취를 더듬어 보면, 군주의 사치와 후궁의 문란이 쇠망의 지름길이라는 것을 통감한 현종의 정치에 대한 굳은 결의가 엿보인다. 그 결의로서 현종은 현상(賢相)을 잘 쓰고 나아가서는 그 간언을 들어 정사에 정려했고, 또한 문학과 예술을 장려해서 「개원(開元)의 치(治)」라는 당나라의 최성기를 이루었다.

현종을 도와 「개원의 치(治)」의 기초를 닦은 재상은 요숭(姚崇)이었다. 현종이 주옥금수를 불태워 사치를 훈계한 것도, 또 형벌을 바로잡고 부역과 조세를 감해서 민중의 부담을 가볍게 하는 한편 병농일치(兵農一致)의 개병(皆兵)제도를 고쳐 모병(募兵)제도로 한 것도 다 이 요숭의 건의에 의한 것이었다.

언젠가 요숭은 일이 생겨 정무를 볼 수가 없어 황문감(黃門監) 노회신(盧懷愼)이 대신 일을 보게 되었다. 노회신은 청렴결백하고 신변을 꾸미는 일이 없이 정무에 노력하는 사람으로서 요숭의 마음에 드는 국상(國相)이었으나, 요숭의 직무를 대행한 10여 년 동안 아무리 노력을 해도 요숭처럼 재결해 갈 수가 없어 정무를 크게 지체시켰다.

요 숭

노회신은 자기가 요숭에게 미치지 못함을 피부로 느껴 알고, 그 후부터는 만사에 요숭을 추천하며 사사건건 요숭과 상의하게 되었다. 그 때문에 당시 사람들은 노회신을 상반대신(相伴大臣)이란 뜻으로 「반식재상」이라 불렀다. 이 말은 무능한 대신을 혹평하는 말로서 지금도 쓰이고 있으나, 당시의 사람들 마음으로서는 노회신을 냉소한다기보다 요숭에 대한 경의(敬意)에서 시작한 것이었다.

현종은 치세 후반에 총희인 무혜비(武惠妃)를 잃고 양귀비를 얻음으로써 정무에 권태를 느끼기 시작하고 주색에 빠지면서 정무를 후궁의 환락으로 바꾸어 나라를 쇠망으로 이끈 종래의 군주와 같은 길을 걸었다.

지과필개
知過必改 知过必改

알 知 허물 過 반드시 必 고칠 改

누구나 허물은 있는 것이니, 허물을 알면 즉시 고쳐야 함.

《논어》 자장(子張)편에 있는 말이다.

자공이 말했다.

「군자의 허물은 일식이나 월식과 같다. 허물이 있으면 모든 사람들이 모두 그것을 보고, 허물을 고치면 사람들이 모두 그것을 우러른다(君子之過也 如日月之蝕焉 過也 人皆見之 更也 人皆仰之)」

자공의 말은, 일식과 월식이 일어나면 모든 사람들이 알 수 있는 것처럼 사람의 허물도 자연스럽게 드러나기 마련이어서 고치지 않으면 사람들이 다 알게 되니 반드시 고쳐야 함을 이른 것이다. 또 《명심보감》에서는 자공의 말을 그대로 옮기고 글 말미에 이렇게 덧붙여 강조했다.

「허물을 알았으면 반드시 고쳐야 하고, 깨달아 할 수 있게 된 다음에는 잊지 않아야 한다(知過必改 得能莫忘)」

《논어》 학이(學而)편에도 「과즉물탄개(過則勿憚改)」라는 말이 나오는데, 잘못이 있으면 고치기를 꺼리지 말라는 뜻이다.

「지과필개」는 사람이 갖추어야 할 기본 덕목이므로 《천자문(千字文)》과 《소학(小學)》에도 나온다.

잘못을 고쳐서 착하게 된다는 「개과천선(改過遷善)」이나, 잘못을 고쳐 스스로 새로워진다는 개과자신(改過自新)도 같은 뜻이다. 잘못을 고친다는 말 자체에 선한 마음으로 돌아가 스스로 새로워진다는 뜻이 담겨 있다.

十匙一飯 (십시일반) 十匙一饭 열 十 숟가락 匙 한 一 밥 飯

열 사람이 한 술씩 보태면 한 사람 먹을 분량이 된다는 뜻으로, 여럿이 힘을 합하면 한 사람을 돕기 쉽다는 비유.

일 의 대 수

一衣帶水 一衣带水

한 一 옷 衣 띠 帶 물 水

「띠처럼 가로지른 강물」이라는 뜻으로, 강물이 흐르는 것을 멀리서 바라보면 마치 허리에 두른 띠처럼 들판을 가로지르고 있다. 배를 잎에다 비유하여 일엽편주(一葉片舟)라

양자강

고 하는 것과 같은 말이다. 《남사》 진본기(陳本紀)에 있는 이야기다.

진(晋)이 동으로 옮겨가 동진으로 불리게 된 뒤로, 남북으로 나뉘어져 있던 중국을 오랜만에 다시 통일한 것이 수(隋)나라 문제 양견(楊堅, 재위 599~604)이었다. 양견은 북주(北周)의 무장으로 차츰 세력을 키워 선양(禪讓)의 형식을 밟아 북주를 빼앗아 수나라를 세웠다.

그는 즉위 초부터 통일천하의 웅대한 계획을 품고, 우선 남조인 진(陳)과는 평화 공존의 정책을 취하는 한편, 북방의 돌궐(突厥)에 대한 방비를 튼튼히 하며 내정에 보다 많은 힘을 기울였다.

그러다가 후량(後梁)의 후주 소종(蕭琮)을 장안으로 부른 사이에 혹시 후량의 수도인 강릉을 그 남쪽에 있는 진(陳)이 불의에 기습해 올까 염려가 되어 최홍도(崔弘度)를 보내 이를 지키게 했다. 그러자 강릉을 지키고 있던 소종의 숙부인 소암(蕭岩)과 형주자사 소의흥(蕭義興) 등이 최홍도가

강릉을 앗으러 오는 줄로 알고 양자강을 건너가 진에 항복하고 말았다. 이에 화가 난 수문제는 후량을 병합하는 한편, 진나라를 공략할 것을 선언했다.

「나는 지금까지 진나라와 평화를 유지하려 했었다. 그런데 지금 진나라 임금은 횡포와 방탕을 일삼고 백성들은 도탄에 빠져 있다. 내가 백성의 부모로서 어찌 좁은 한 가닥 강물로 인해(我爲民父母 豈可限一衣帶水) 이를 구하지 않을 수 있겠는가」라고 했다.

이리하여 문제는 50만 대군으로 일제히 양자강을 건너 진나라로 쳐들어가게 했다. 진나라 후주(後主)는 궁중의 우물 속에 숨어 있다가 군사들에게 붙들리고 진나라는 이렇게 해서 33년 만에 망하고 말았다. 589년, 드디어 중국 전체를 통일한 대제국이 나타나게 된다. 여기에 말한 「일의대수」는 양자강을 두고 한 말이다. 아무튼 그것은 좁다는 뜻이다.

萬折必東(만절필동) 万折必东 일만 萬 꺾을 折 반드시 必 동녘 東

「강물이 일만 번을 꺾여 굽이쳐 흐르더라도 반드시 동쪽으로 흘러간다」는 뜻으로, 어떤 일이 곡절을 겪게 되더라도 결국은 원래 뜻대로 됨을 비유하거나, 충신의 절개를 꺾을 수 없음을 비유하는 성어로 사용된다.

《순자(荀子)》 유좌(宥坐)편에 있는 공자의 말이다.

동쪽으로 흐르는 황하(黃河)를 바라보고 있는 공자에게 제자 자공(子貢)이 그 까닭을 물었다. 이에 공자는 물의 특성을 덕(德)·의(義)·도(道)·용(勇)·법(法)·정(正)·찰(察)·선(善)에 비유하고는 이렇게 말했다.

「일만 번이나 꺾여 흐르지만 반드시 동쪽으로 흘러가니 의지가 있는 것과 같다(化其萬折也必東 似志)」

그러면서 군자가 큰 물을 볼 때 반드시 살펴야 할 점이라고 일렀다. 황하의 강줄기는 굴곡이 심하지만, 서고동저(西高東低)인 중국 지형의 특성상 반드시 동쪽으로 흘러가는 것을 군자의 의지나 절개로 풀이한 것이다.

황 하

만사형통 萬事亨通

万事亨通 일만 萬 일 事 형통할 亨 통할 通

모든 일들이 뜻하는 대로 두루두루 잘되어 가는 것을 말한다. 어떤 일을 해도 어긋남이 없이 뜻한 바대로 잘 이루어진다는 말이다.

《주역》은 유교의 경전 중 3경(三經)의 하나인 《역경(易經)》을 말한다. 이 책은 점복(占卜)을 위한 원전(原典)과도 같은 것이며, 동시에 어떻게 하면 조금이라도 흉운(凶運)을 물리치고 길운(吉運)을 잡느냐 하는 처세상의 지혜이며 나아가서는 우주론적 철학이기도 하다. 주역(周易)이란 글자 그대로 주(周)나라의 역(易)이란 말이며 역이란 말은 변역(變易), 즉 「바뀐다」 「변한다」는 뜻이며 천지만물이 끊임없이 변화하는 자연현상의 원리를 설명하고 풀이한 것이다.

「만사(萬事)」는 여러 가지의 일로 모든 일을 말한다. 「형(亨)」은

《주역》64괘 중 첫 번째 괘인 건괘(乾卦)에 나오는 자연의 네 가지 원리인 원(元)・형(亨)・이(利)・정(貞)의 사덕(四德) 가운데 하나로 만물을 성장시키는 힘이다.

그래서 「형통(亨通)」이라는 말은 무슨 일이든 뜻대로 잘되어 가는 것을 가리킨다.

그러나 많은 여러 가지 일은 한창 왕성한 그 순간부터 쇠잔하고 미약해지기 시작하는 것이 이치이므로 일이 순조롭게 진행되어도 마음을 다잡지 않고 놓아버리거나 자만하면 안 된다는 의미도 내포되어 있는 말이다. 온갖 일들이 거리낌 없이 잘되어 나가는 것을 비유하는 말이다.

항다반사 恒茶飯事

恒茶饭事　　항상 恒 차 茶 밥 飯 일 事

「항다반사」는 차를 마시거나 밥을 먹는 일이란 뜻으로, 일상사, 자주 있는 일을 말한다. 옛날에 차를 마시거나 밥을 먹는 일은 언제나의 일이기 때문에 이런 말이 나온 것이다. 보통 「다반사(茶飯事)」라고 한다.

원래 동양에서 차는 일상생활에 있어서 중요한 의미를 가진다. 설이면 일가친척이 모여 차례(茶禮)를 지냈고, 차를 마시며 담소를 하고 정신적 깊이도 운위했다 해서 다도(茶道)가 있었다. 불가에서는 다선일여(茶禪一如)라 해서 차를 마시는 가운데서 선(禪)의 경지를 되새겨 보기도 했다. 조선 후기의 스님인 초의(艸衣)는 《다신전(茶神傳)》이라는 책을 집필해 차의 신비한 맛과 운치를 자랑한 바도 있다.

《조주어록(趙州語錄)》에 있는 이야기다.

조주선사는 차를 즐겨 마셨다. 절을 찾는 사람이면 누구에게나 차를 대접했다. 어느 날, 한 사람이 절을 방문하자 스님이 물었다.

「당신은 여기 몇 번째 오셨습니까?」「처음입니다」「그래요? 차나 한잔 드십시오(喫茶去)」

얼마 뒤 또 한 사람이 왔다.

「당신은 여기 몇 번째 오셨습니까?」「여러번 왔지요」「그래요? 차나 한잔 드십시오」

그러자 곁에서 차 시중을 들던 시봉이 의아해 하며 물었다.

「아니 스님, 스님께서는 처음 온 사람이나 여러 번 온 사람이나 모두 『차나 한잔 드십시오』하고 권하시니 무슨 까닭입니까?」

이 말을 들은 조주가 말했다.

「아, 내가 그랬나? 그럼 자네도 차나 한잔 들게나」

이 이야기는 불가에서 전해오는 공안(公案) 가운데 하나로 유명하다. 그만큼 차 마시는 일은 옛사람들과 밀접한 일상사였던 것이다.

배수진
背水陣 背水阵 등 背 물 水 진 陣

「물을 뒤에 등지고 친 진」이라는 뜻으로, 「배수진을 쳤다」하는 말은, 죽을 각오로 마지막 승부에 임하는 것을 말한다.

《사기》회음후열전(淮陰侯列傳)에 있는 이야기다.

한신이 조나라를 칠 때 이야기다. 한신은 작전을 짜 놓고 부하 장수들에게,

「우리 주력부대는 퇴각을 한다. 그것을 보면 적은 진지를 비우고 우리를 추격해 올 것이다. 그러면 제군들은 재빨리 조나라 진지로 들어가 조

한 신

나라 기를 뽑아 버리고 한나라의 붉은 기를 세워라」 하고 이른 다음, 부관들에게 가벼운 식사를 시키고 나서는 또, 「오늘 아침은 조나라를 이기고 난 다음 모여서 잘 먹기로 하자」 하고 모든 장수들에게 전하게 했다. 장수들은 알았다고 대답만 할 뿐 속으로는 코웃음을 쳤다. 한신은 군리(軍吏)들에게 이렇게 말했다.

「조나라 군사는 유리한 곳을 점령하여 진을 치고 있기 때문에 싸움을 서두르지 않을 것이다. 그리고 적은 우리 쪽 대장기를 보기 전에는 나와 싸우려 하지 않을 것이다」

이리하여 한신은 1만의 군사를 먼저 가게 하여 물을 등지고 이른바 배수진을 치게 했다. 조나라 군사들은 이것을 바라보며 병법을 모르는 놈들이라고 크게 웃었다. 날이 밝자, 한신은 대장기를 세우고 산길을 빠져나갔다. 조나라 군사는 진문을 열고 나와 맞아 싸웠다. 잠시 격전을 계속한 끝에 한신은 거짓 패한 척하며 기를 버리고 강 근처에 배수진을 치고 있는 군사와 합류했다.

조나라 군사는 이를 보는 순간, 과연 진지를 텅 비워 두고 앞 다투어 한신의 군사를 쫓았다. 그러나 한신의 군사는 결사적인 반격으로 적을 물리쳤다. 이 사이에 한신이 산속에 매복시켜 놓았던 기마부대가 조나라 진지로 달려가 조나라 기를 뽑고 한나라 기를 세워 두었다.

한신을 추격해서 이기지 못하고 돌아오던 조나라 군사는 붉은 기를 바라보는 순간 이미 진지가 적의 수중에 든 줄 알고 당황하기 시작했다. 여기에 한신의 군사가 뒤를 다시 덮치고 들자 앞뒤로 적을 맞은 조나라 군사는 싸울 용기를 잃고 뿔뿔이 흩어져 버렸다. 그리하여 대장은 죽고 왕은 포로가 되었다.

승리를 축하하는 술자리에서 모든 장수들은 한신에게 물었다.

「병법에는 산을 등지고 물을 앞으로 진을 치라고 했는데, 장군께선 물을 등지고 진을 쳐서 이겼습니다. 그리고 조나라를 이기고 나서 아침을 먹자고 하시더니 과연 말대로 되었습니다. 이것은 무슨 전법입니까?」

그러자 한신은 대답했다.

「이것은 병법에 있는 것이다. 제군들이 미처 몰랐을 뿐이다. 병법에 『죽을 땅에 빠뜨려 두어야 사는 길이 있다』 고 하지 않았는가. 그리고 우리 군사는 아직 오합지졸이다. 이들을 결사적으로 싸우게 하려면 죽을 곳을 뒤에 두지 않으면 안된다」

모든 장수들은 탄복했다.

유무상통
有無相通 有无相通 있을 有 없을 無 서로 相 통할 通

서로 있는 것과 없는 것을 교환하며, 유통해 주고받는 일. 《사기》

☞ 유무상생(有無相生).

	1 청 青		어 於	람 藍					2 진 盡
						3 사 事	4 군 君		충 忠
	5 백 白		북 北	6 면 面			자 子		
	일 日						지 之		국 國
				구 九					
			7 백 百	년 年	8 하 河	9 청 淸	풍 風		월 月
10 오 吾		삼 三	척 尺						
					11 낙 洛	양 陽	12 지 紙		
상 尙			두 頭		서 書		상 上		
13 재 在	덕 德	부 不	재 在			14 고 高	담 談	준 峻	

보기								
	竿	貴	德	圖	論	明	壁	兵
	報	鼻	舌	首	以	天	出	險

키워드

1가로 : 「푸른색은 쪽(藍)에서 나왔지만 쪽빛보다 더 푸르다」라는 뜻으로, 제자가 스승보다 더 나음의 비유.

1세로 : 맑게 갠 하늘에서 밝게 비치는 해라는 뜻으로, 아무런 잘못도 없이 결백함.

2세로 : 충성을 다해 나라의 은혜에 보답함.

3가로 : 임금을 섬김에 충성(忠誠)으로써 함. 삼국통일의 원동력이 된 화랑(花郞)의 세속오계(世俗五戒)의 하나.

4세로 : 군자(君子)의 덕은 바람과 같아서 백성은 모두 그 풍화를 입는다. 5자

5가로 : 재주와 덕이 없는 사람은 늙어서도 북쪽을 향하여 스승의 가르침을 받음이 마땅하다.

6세로 : 달마가 숭산 소림사에서 9년간 벽을 보고 좌선하여 도를 깨달음.

7세로 : 백 자나 되는 높은 장대 위에 올라섰다는 뜻으로, 몹시 어렵고 위태로운 지경.

8세로 : 황하와 낙수에서 나온, 비밀스런 내용을 담고 있는 그림과 도서.

9가로 : 맑은 바람과 밝은 달이라는 뜻으로, 결백하고 온건한 성품을 평하여 이르는 말로서, 충청도 사람의 기질을 이르는 말.

10가로 : 「내 코가 석 자」라는 뜻으로, 자기 사정이 급하여 남을 돌볼 겨를이 없음.

10세로 : 「내 혀가 아직 그대로 있는가?」라는 뜻으로 비록 몸이 망가졌어도 혀만 살아 있으면 뜻을 펼 수 있다는 말.

11가로 : 낙양의 종이 값이 크게 오르다. 책이 널리 세상에 퍼져 애독됨.

12세로 : 종이 위에서만 병법을 말한다는 뜻으로, 실제의 일에는 밝지 못하면서 쓸데없는 탁상공론만 일삼음.

13가로 : 나라의 안전은 임금의 덕에 있지, 지형의 험준함에 있지 않다. 5자

14가로 : 뜻이 높고 바르며 엄숙하고 날카로운 말.

풀 이

백 년 하 청
百年河淸

百年河淸　　일백 百 해 年 강 河 맑을 淸

황하(黃河)의 물이 맑아지기를 무작정 기다린다는 뜻으로, 아무리 기다려도 실현될 수 없는, 또는 믿을 수 없는 일을 언제까지나 기다린다는 것을 비유한 말로서, 아무리 오래 되어도 사물이 이루어지기 어려움.

중국의 황하는 항상 물이 누렇게 흐려 있기 때문에 백 년에 한 번 물이 맑아질 때가 있거나 한다는 말에서 생겨난 말이다. 원래는 백년하청을 기다린다고 하던 것이, 기다린다는 말 없이 「백년하청」만으로 같은 뜻을 나타내고 있다.

《춘추좌씨전(春秋左氏傳)》에 있는 이야기다.

	青	出	於	藍					盡
	天					事	君	以	忠
	白	首	北	面			子		報
	日			壁			之		國
				九			德		
			百	年	河	淸	風	明	月
吾	鼻	三	尺		圖				
舌			竿		洛	陽	紙	貴	
尙			頭		書		上		
在	德	不	在	險		高	談	峻	論
							兵		

<해 답>

초(楚)나라가 정(鄭)나라로 쳐들어오자, 정나라에서는 항복을 하자는 측과 진(晉)나라의 구원을 기다려 저항을 해야 한다는 측이 맞서 의견의 일치를 보지 못했다. 이때 항복을 주장하는 측의 자사(子駟)가 말했다.

「주나라 시에 말하기를 『하수(河水)가 맑기를 기다리고 있으면 사람은 늙어 죽고 만다. 여러 가지를 놓고 점을 치면 그물에 얽힌 듯 갈피를 못 잡는다(周詩有之曰 待河之淸 人壽幾何 非云詢多 職競作羅)』고 했다. 우선 급한 대로 초나라 군사를 맞아 그들의 말을 따르기로 하고, 진나라 군사가 오면 또 진나라를 좇으면 그만이다. 우리는 그들을 맞이할 선물이나 준비해 두고 기다리는 것이 마땅하다」

결국 어느 세월에 진나라 구원병 오기를 기다릴 수 있겠느냐 하는 뜻으로, 황하가 맑기를 기다리는 부질없음을 예로 든 것이다. 「부지하세월(不知何歲月)」과 비슷한 말이다.

청출어람 青出於藍

青出于蓝　　푸를 青 나올 出 어조사 於 쪽 藍

남(藍)은 「쪽」이라는 풀이름이다. 쪽에서 나온 푸른 색깔이 쪽보다 더 푸르다는 말에서 온 말로서, 제자가 스승보다 낫다는 평을 듣는 것을 말한다.

《순자》 권학편 맨 첫머리에 이렇게 말하고 있다.

「학문은 잠시도 쉬어서는 안된다. 푸른 색깔은 쪽에서 나오지만 쪽보다 더 푸르고, 얼음은 물이 만들지만 물보다 차다(學不可以已 青出於藍而青於藍 氷水爲之而寒於水)」

학문에 뜻을 둔 사람은 잠시도 게을리 해서는 안된다. 그 예로 쪽이란 풀로 푸른색을 내지만, 사람의 노력이 가해짐으로 해서 그 쪽 자체보다 더 깨끗하고 아름답고 진한 색깔을 낼 수 있다. 얼음은 물이 얼어서 된 것이지만 물에서 얼음이 되는 과정을 거치기 때문에 물보다 더 차가운 성질의 것이 된다. 그러므로 스승에게서 배우기는 하지만, 그것을 더욱 익

순 자

히고 정진함으로써 스승보다 더 훌륭한 사람이 될 수 있고, 더 깊고 높은 학문과 덕을 갖게 된다는 뜻이다.

이 「청출어람이청어람(青出於藍而青於藍)」이란 말이 약해져서 「출람(出藍)」이 된 것으로, 그것은 곧 푸른색이란 뜻이 된다. 푸른색은 쪽에서 나와 쪽보다 푸른 것이므로 그것은 먼저 것보다 뒤의 것이 더 훌륭하다는 뜻이 된다. 즉 스승보다 제자가 나은 것을 말한다. 「출람지예(出藍之譽)」라고도 한다.

청천백일
青天白日　清天白日　　푸를 青 하늘 天 흴 白 날 日

「맑게 갠 하늘에 밝게 비치는 해」라는 뜻으로, 훌륭한 인물은 세상 사람들이 다 알아본다는 의미였으나 지금은 아무런 잘못도 없이 결백한 것. 또는 무죄(無罪)를 가리키는 말로 쓰인다. 즉 깨끗하다는 뜻과 세상이 다 안다는 두 가지 뜻으로 많이 쓰인다.

한유(韓愈)는 그의 친우인 최군(崔群)에게 보낸 편지 가운데서, 「……청천백일은 노예들도 또한 그것이 맑고 밝은 것을 안다」고 했다.

이것은 최군의 뛰어난 인품을 모르는 사람이 없다는 것을 비유해 쓴 말이다. 즉 최군이 하늘처럼 맑고 태양처럼 밝다는 것을 말한 것이 아니고,

누구나 다 알고 있다는 뜻으로 쓰인 말이다. 그러나 우리들이 흔히 말하는 「청천백일하(淸天白日下)에 드러났다」고 할 때의 그 「청(淸)천백일」과는 약간 뜻이 다르다.

한 유

《주자전서》에는 주자가 맹자를 평하여 「청천백일과 같이 씻어낼 때도 없고, 찾아 낼 흠도 없다」고 했다. 이것은 순결무구(純潔無垢)의 뜻으로 쓰인 것이다. 우리들이 쓰는 사심이 없다는 그런 뜻의 청천백일과는 다소 거리가 있다. 우리들이 많이 쓰는 「청천백일하에 드러났다」든가, 「청천백일하에 그런 짓을 할 수 있느냐」든가 하는 말은 훤히 밝다는 뜻 그대로 쓰이는 것이다.

진충보국 盡忠報國　尽忠报国　다할 盡 충성 忠 갚을 報 나라 國

충성을 다해 나라의 은혜에 보답함. 《북사(北史)》 안지의전(顔之儀傳)에 있는 이야기다.

580년 양(梁)나라의 선제(宣帝)가 죽고 어린 정제(靜帝) 우문천(宇文闡)이 즉위하였다. 그러나 조정은 나이 어린 정제의 후견인 문제로 의견대립이 일어났다. 유방(劉昉) 등을 비롯한 많은 신하들은 황제의 후견인으로 수(隋)나라의 양견(楊堅)을 재상으로 맞을 것을 주장하였다. 당시 수나라

수문제 양견

는 군소 왕조 중에서 단연코 두각을 나타내고 있었으며, 양견 또한 스스로 문제(文帝)라 칭하고 있을 때였다. 유방 등을 비롯한 여러 신하들이 수나라의 양견을 추천한 것은, 기왕 기댈 바에 큰 나무의 그늘이 낫다는 것이 그 이유였다. 그러나 안지의는 그것은 나라를 팔아먹는 것과 다를 것이 없다고 하며 이렇게 주장하고 나섰다.

「우리는 지금까지 나라의 크나큰 은혜를 입었다. 지금이야말로 충성을 다해 나라의 은혜에 보답(盡忠報國)해야 할 때다. 타국 사람에게 국가의 앞날을 맡기는 것은 있을 수 없는 일이다. 이제 죽음으로써 나라에 보답해야 할 것이다」

그러나 안지의의 이 같은 주장은 묵살되고, 양견이 재상이 되어 정제를 보좌하였다. 그리고 마침내 양견은 선제의 뒤를 이어 즉위한 나이 어린 정제를 폐하고 스스로 제위에 올라 문제라 일컫고 국호를 수(隋)라고 했다. 그로부터 8년 후인 589년, 문제는 남조(南朝) 최후의 왕조인 진(陳)나라마저 멸하고 마침내 천하를 통일했다.

사군이충 事君以忠

事君以忠 섬길 事 임금 君 써 以 충성할 忠

삼국 통일의 원동력이 된 화랑(花郎)의 세속오계(世俗五戒)의 하나. 임금을 섬김에 충성으로써 함.

君子之德風 (군자지덕풍)

君子之德风 임금 君 아들 子 의 之 큰 德 바람 風

「군자(君子)의 덕은 바람과 같아서 백성은 모두 그 풍화(風化)를 입는다」는 뜻으로, 윗사람의 행동은 곧 아랫사람이 행동하는 데 표본이 된다. 지도적인 위치에 서 있는 사람의 경거망동을 경계하는 뜻이 담겨 있다.

《논어》 안연편에 있는 말이다.

공 자

계강자(季康子)가 하루는 정치에 대해 공자에게 물었다.

「무도한 인간들을 죽이고 도가 있는 사람을 공직에 나아가게 한다면 어떻겠습니까?」

공자가 대답하였다.

「그대는 정치를 하겠다면서 어떻게 사람 죽이는 방법을 쓰겠다는 것이오? 그대가 먼저 착해지려고 노력하면 백성들도 절로 착해질 것입니다. 군자의 덕은 바람과 같은 것이고 소인의 덕은 풀과 같은 것입니다. 바람이 불면 풀은 필경 바람에 쓸려 따르게 마련이지요(子爲政 焉用殺 子欲善而民善矣 君子之德風 小人之德草 草尙之風必偃)」

남을 지도하고 다스리는 입장에 서 있는 사람이라면 먼저 솔선수범해야 할 것이다. 자신은 온갖 부정한 짓을 도맡아 하면서 아랫사람에게 정도를 걸으라고 한다면 이 말을 들을 사람은 아무도 없을 것은 너무나 당연하다. 「윗물이 맑아야 아랫물이 맑다」는 우리 속담이 있는데, 바로 이 성구와 그 의미가 같다.

白首北面 (백수북면)

白首北面　　흰 白 머리 首 북녘 北 면할 面

재덕이 없는 사람은 늙어서도 북면(北面)하여 스승의 가르침을 받음이 마땅하다는 말. 임금은 언제나 남면(南面)하여 앉으므로 신하로서 임금을 섬김을 이르는 말. 《문중자(文中子)》

面壁九年 (면벽구년)

面壁九年　　향할 面 벽 壁 아홉 九 해 年

양무제

「벽을 향해 아홉 해」라는 뜻으로, 오랫동안 홀로 좌선을 하는 것을 가리키는 말. 면벽이라 하면 불교에서 벽을 마주하고 참선에 드는 것을 가리키는 말로서, 《육조단경》 등 여러 불경에 보이는 달마(達磨)대사의 행적에서 나온 말이다.

달마(達磨, Bodhidharma, ?~528?)는 인도 브라만 계급 출신으로 포교를 위해 중국에 들어와 중국 선(禪)의 개조가 된 사람으로서, 남북조시대에 중국 선종(禪宗)을 창시한 인물이다. 당시의 불교와는 정반대인 좌선을 통하여 사상을 실천하는 새로운 불교를 강조했다.

처음 남중국에 들어와 앙(梁)나라 무제(武帝)를 만났을 때 무제가 물었다.

「성스런 말씀의 으뜸가는 요체는 무엇입니까(如何是聖諦第一義)」

달마가 대답했다.

「허공처럼 텅 비어 성스러울 것이 하나도 없습니다(廓然無聖)」

무제는 다시 물었다.

「내 앞에 있는 사람은 누구입니까?(對朕者誰)」

달마유녀이장도(達磨遊女異裝圖, 日 竹田春信)

달마가 대답했다.

「알지 못합니다(不識)」

결국 무제는 달마를 받아들이지 않기로 했다.

달마는 쓸데없는 의론과 형식을 따지는 무제에 실망하고 북중국으로 갔다. 위(魏)나라로 간 달마는 숭산(嵩山)에 자리 잡은 소림사(少林寺)에서 이른바 면벽 9년에 들어갔다. 마음이 본래 청정함을 깨달아야 한다는 관심(觀心)을 행한 것이다. 그는 그 후 도육(道育)과 혜가(慧可) 등 특출한 제자를 키웠는데, 면벽에 관한 혜가와의 다음과 같은 내용은 중국 선종이 어떻게 시작되었는지를 잘 보여준다. 혜가가 물었다.

「불도를 얻고자 하면 어떤 법의 수행이 가장 중요합니까?」

달마가 대답했다.

「오직 관심법(觀心法 : 마음을 보는 법)이 모든 행(行)을 다 거두어들이는 것이니 이 법이 가장 간결하고 요긴하다」

혜가(北宋 화가 석각)

다시 혜가가 물었다.

「어째서 관심법이 모든 행을 거두어들인다 하십니까?」

달마가 대답했다.

「마음이란 만법의 근본이므로 모든 현상은 오직 마음에서 일어난 것이다. 그러므로 마음을 깨달으면 만 가지 행을 다 갖추는 것이다」

「면벽구년」은 곧 자기 마음을 바로 들여다보아 그 근본을 찾으려는 것이다.

百尺竿頭 (백척간두) 百尺竿头 일백 百 자 尺 대줄기 竿 머리 頭

백 자나 되는 장대 끝이라는 말.

「백척간두진일보(百尺竿頭進一步)」란 말로서, 백 자나 되는 높은 장대 위에 이르러 또 한 걸음 더 나아간다는 뜻으로, 이미 할 수 있는 일을 다 한 것인데 또 한 걸음 나아간다 함은 더욱 노력하여 위로 향한다는 말이다.

백척간두의 막다른 골목에서 한 걸음 더 나아가면 떨어져 죽을 것같이 생각되지만 사실은 더 크게 살아나게 된다는 말이다. 곧 두려움을 무릅쓰고 목숨을 걸 때에 비로소 살 길이 열린다는 뜻이다.

큰 깨달음의 경지는 모든 것을 내던지는 자세라야만 이룰 수 있다는 말이다. 수행인은 모름지기 백척간두진일보의 경지를 체험해야만 큰 깨달음을 얻게 되고 영원히 사는 길이 열리게 된다.

송나라의 도원이 저술한 불교서적인 《경덕전등록(景德傳燈錄)》에 있는 말로서, 수련 과정에서 백척간두, 곧 매우 위태롭고 어려운 지경으로 막다른 위험에 놓이게 되었을 때 한 발 더 나아가라고 말하는 내용이다. 자신의 나태함을 극복하기 위하여 스스로 극한상태에 올려놓고 정신의 긴장을 늦추지 말라는 뜻이다.

하도낙서
河圖洛書 河图洛书 강 河 그림 圖 강 이름 洛 글 書

황하와 낙수에서 나온, 비밀스런 내용을 담고 있는 그림과 도서로서, 고대 중국에서 예언이나 수리(數理)의 기본이 된 책.

고대 중국에서 서상(瑞祥)이나 수명(受命)의 심벌이 된 신비적인 다이어그램. 「도서(圖書)」라고도 하는데, 「하도(河圖)」는 복희(伏羲)가 황하에서 얻은 그림으로, 이것에 의해 복희는 《역(易)》의 팔괘(八卦)를 만들었다고 하며, 「낙서(洛書)」는 하우(夏禹)가 낙수(洛水)에서 얻은 글로, 이것에 의해 우(禹)는 천하를 다스리는 대법(大法)으로서의 《홍범구주(洪範九疇)》를 만들었다고 한다.

그림에 든 것은 송대의 학자가 복원한 것으로, 주희가 이를 《주역본

복희씨(日 화가 鶴洲霊翯)

의》나 《역학계몽》에 도입한 후에 부동의 권위를 가지게 되었는데, 청조의 학자들로부터 근거 없는 날조라는 통렬한 비판을 받았다.

「위서(緯書)」에 있는 《하도낙서》는 칠경(七經)의 「위서」와 함께 전한(前漢) 말에서 후한(後漢)에 걸쳐 만들어진 것으로, 《용어하도(龍魚河圖)》, 《낙서영준청(洛書靈準聽)》, 《낙서견요도(洛書甄曜度)》 등 많은 종류가 있다. 칠경의 「위서」와 함께 참위설(讖緯說)의 주요 자료로 많은 일문(逸文)을 남기고 있다.

청풍명월
淸風明月 清风明月 맑을 淸 바람 風 밝을 明 달 月

초가을 밤의 싱그러운 느낌. 상쾌한 밤바람과 맑고 밝은 달빛. 조용히 술을 마신다는 뜻으로도 쓰인다. 결백하고 온건한 충청도 사람의 성격을 평하는 말로도 쓰인다.

「풍전세류(風前細柳)」는 부드럽고 영리한 전라도 사람의 성격을 평한 말이다. 《남사(南史)》

<ruby>오비삼척</ruby>
吾鼻三尺 吾鼻叁尺 나 吾 코 鼻 석 三 자 尺

「내 콧물이 석 자나 흘러내렸다(吾鼻涕垂三尺)」에서 나온 말로, 곤경에 처해 자기 일도 해결하기 어려운 판국에 어찌 남을 도울 여지가 있겠는가라는 말. 또는 「내 코가 석 자」라는 속담으로, 내 일도 감당하기 어려워 남의 사정을 돌볼 여유가 없다는 말.

오설상재
吾舌尙在 吾舌尙在 나 吾 혀 舌 아직 尙 있을 在

몸은 비록 망가졌어도 혀만 있으면 천하를 움직일 희망이 있다.

「오설상재」란 말은 내 혀가 아직 성하게 남아 있다는 뜻이다.

장의(張儀)가 도둑의 혐의를 입고 매를 맞아 반쯤 죽어서 돌아왔을 때 그의 아내를 보고 「내 혀가 아직 있느냐?」고 물은 데서 비롯된 말이다. 혀만 성하면 그까짓 팔다리쯤 병신이 되어도 그리 걱정될 건 없다는 뜻이다. 그래서 사업에 실패했을 때, 자기가 가장 소중히 아는 한 가지만이라도 남아 있으면 그것에 자기의 희망을 걸고 스스로 위로하는 뜻으로 쓰이곤 한다.

전국(戰國)의 세상도 한창인 기원 전 4세기 말의 일이다. 위(魏)나라에 장의라는 가난한 사람이 있었다. 비록 가난하기는 했으나 남보다 뛰어난 재능과 수완과 완력을 가진 사람이었다. 그 당시는 지혜 있는 사람이면 누구나 출세할 수 있는 기회가 얼마든지 있었다. 그것은 어느 나라고 뛰어난 인물을 등용하여 나라를 부강케 하고 타국을 꺾어버리려 하고 있었기 때문에 이 가난뱅이 장의도 입신출세의 야망을 품고 있었다. 그런 까닭에 귀곡(鬼谷)이라는 권모술수에 능한 선생에게 글을 배웠는데, 장의의 영민함은 다른 제자들의 혀를 내두를 정도로 뛰어났다.

장 의

그의 라이벌 소진(蘇秦)이 막 득세를 했을 당시, 그는 아직 뜻을 얻지 못하고 초나라 재상 소양(昭陽)의 집에서 문객노릇을 하며 지내고 있었다. 그때 소양은 위나라와 싸워 크게 이긴 공로로 위왕(威王)으로부터 유명한 화씨벽(和氏璧)을 하사받았었는데 그는 그 구슬을 언제나 가지고 다녔다.

어느 날, 소양이 적산(赤山) 밑에 있는 연못가의 누대에서 사방에서 찾아온 귀한 손님들과 수행원 등 백 명 가까운 사람을 데리고 술자리를 베푼 일이 있었다. 이때 손님들은 소양에게 화씨벽을 구경시켜 달라고 청했다.

소양은 흥이 한창 나 있는 참이라 구슬상자를 가져오게 해서 구경을 시켰다. 한창 구경들을 하며 칭찬을 하고 있는데, 못에서 큰 고기가 물 위로 높이 뛰어올랐다. 소양과 뭇사람들의 시선이 그리로 쏠리고 있는 순간 어느 누구의 짓인지 구슬이 온데간데없이 사라지고 말았다. 그래서 결국 가장 옷이 허름하고 평소에 남과 잘 어울리지 않는 장의가 누명을 쓰고 죽도록 매를 맞게 되었다. 장의가 거의 죽게 되자, 그제야 하는 수 없이 집으로 돌려보내 주었다. 옷이 피투성이가 되어 업혀 돌아온 장의를 아랫목에 눕

힌 아내는 눈물을 흘리며 이렇게 말했다.

「당신이 글을 읽고 유세만 하지 않았던들 이런 욕을 당했겠소?」

그러자 장의는 아내를 보고 말했다.

「내 혀를 보오. 아직 그대로 있는가?(視吾舌 尙在下)」

아내가 어이가 없어 웃으며, 「혀야 있지요」 했더니 장의는, 「그럼 됐소」 했다는 것이다.

이 이야기의 앞부분은 《동주열국지》에서 옮긴 것이고, 아내와의 대화는 《사기》 장의열전에 있는 것을 그대로 옮긴 것이다.

이것을 마지막 고비로 장의는 비로소 혀의 위력을 발휘하게 된다.

洛陽紙貴 (낙양지귀) 洛阳纸贵 서울이름 洛 볕 陽 종이 紙 귀할 貴

책이 호평을 받아 낙양의 종이 값을 올림. 서적이 대량으로 출판을 거듭하는 것을 표현하는 말이다. 그 책을 베끼느라 낙양에 종이가 달려 값이 뛰게 되었다는 뜻이니, 요즈음 우리가 흔히 말하는 「베스트셀러」 정도가 아닐 것이다. 낙양의 지가를 오르게 한 실례를 소개하면 다음과 같다.

《진서(晋書)》 문원전(文苑傳)에 있는 이야기다.

진(晋)나라 좌사(左思)는 임치(臨淄) 사람으로, 아버지 좌옹(左雍)도 하급관리에서 몸을 일으켜, 그의 학식으로 전중시어사(殿中侍御史 : 검찰총장)란 높은 벼슬에 오른 사람이다. 좌사는 젊었을 때 글과 음악을 배웠으나 도무지 늘지가 않았다. 그런데 어느 날 그의 아버지가 친구를 보고, 「내가 젊었을 때는 저렇지는 않았는데……」 하는 소리를 들은 뒤부터 나도 하면 된다는 결심을 하고 공부에 열중하기 시작했다.

그는 뛰어난 문장의 소질을 갖고 있었지만, 얼굴이 못생긴데다가 날 때부터 말더듬이었기 때문에 사람 대하기를 꺼려해 항상 집안에 들어박혀 창작에만 열중하고 있었다. 이리하여 1 년이 걸려, 일찍이 제나라 수도였던 임치의 모습을 운문으로 엮은 「제도부(齊都賦)」를 완성하고, 이에 삼국시대 촉의 수도였던 성도와 오의 수도 건업과 위의 수도 업(業)을 노래한 「삼도부(三都賦)」를 지을 생각을 했다.

이리하여 많은 참고 서적과 선배들을 찾아 기초 지식을 얻는 한편, 구상을 짜내는 데 10년이란 세월을 쏟았다. 그는 이동안 뜰은 물론이요 대문에서 담 밑에까지 곳곳에 붓과 종이를 준비해 두고, 좋은 글귀가 머리에 떠오르면 그 즉석에서 적어 나갔다. 그러는 동안 그는 자신의 지식이 모자라는 것을 절감한 나머지, 자진해서 비서랑(秘書郞)이란 직책을 얻어 많은 재료를 얻어 보기도 했었다.

이리하여 완성한 것이 「삼도부」였으나, 그에 대한 평이 그리 놀라운 것은 아니었다. 그러나 자신의 작품에 대해 크게 자신을 가진 그는, 당시 초야에서 저술에 종사하고 있던 황보밀(皇甫謐)을 찾아갔다.

황보밀은 그의 작품을 한번 읽어 보고는 「이건 굉장한 문장이다」하고 즉석에서 서문을 써 주었다. 다시 여기에 저작랑(著作郎 : 국사편찬관)인 장재(張載)가 「위도부」에, 중서랑 유규(劉逵)가 「오도부」와 「촉도부」에 주석을 붙이고, 위관(衛瓘)이 약해(略解)를 짓는 등 당시 일류 명사들로부터 그 진가를 인정받게 되었다.

그러나 그의 이름을 단번에 결정적으로 유명하게 만든 것은 사공(司空 : 치수와 토목을 맡은 재상) 장화(張華)의 절대적인 찬사 때문이었다.

「반고(班固)와 장형(張衡)에 맞먹는 작품이다. 읽는 사람으로 하여금 읽고 나서도 여운이 남고, 여러 날이 지나도 감명을 새롭게 한다」

이런 찬사가 한번 알려지자, 돈 많고 지위 높은 집 사람들이 앞 다투어 베껴 가는 바람에 낙양의 종이 값이 오르게 되었다는 것이 《진서》 문원전에 나오는 이야기다. 반고·장형과 맞먹는다는 말은 반고의 「이도부(二都賦)」와 장형의 「이경부(二京賦)」에 견줄 만하다는 이야기다.

황보밀

한편, 같은 시대의 육기(陸機)도 「삼도부」를 짓고 있었는데, 그가 좌사의 「삼도부」를 보자, 「나로서는 한 자도 더 보탤 것이 없다」하고 자기의 「삼도부」를 중도에 포기하고 말았다. 육기는 당대 제일가는 문호였을 뿐만 아니라, 후세에까지 손꼽히는 대 문장가였다.

지 상 담 병
紙上談兵　紙上谈兵　　종이 紙 위 上 말씀 談 군사 兵

종잇장 위에서 병법을 말한다는 뜻으로, 실제를 떠난 공리공담(空理空談)을 이르는 말. 《사기》 염파인상여열전에 있는 이야기다.

춘추전국시대 조사(趙奢)는 조(趙)나라의 유명한 장군이다. 그에게는 조괄(趙括)이라는 아들이 있었다. 조괄은 젊었을 때부터 병법을 공부하고 병사(兵事)를 논하며, 천하에 자기 이상인 사람은 없다고 자부해 왔다. 일찍이 아버지와 병사를 논했을 때, 조사는 논박할 수는 없었지만, 그렇다고

마복군 조사

옳다고는 말하지 않았다. 조괄의 어머니가 그 까닭을 묻자 조사는 말했다.

「전쟁은 목숨을 거는 것이오. 그런데 괄은 그것을 쉽게 말하고 있소(兵死地也 而括易言之). 조나라로 하여금 괄을 대장으로 임명하지 않도록 하면 다행이거니와, 만일 기어코 대장으로 임명한다면 조나라 군사를 패하게 만들 사람은 괄이 될 것이오」

조괄의 아버지가 죽고, 얼마 후에 진(秦)나라가 쳐들어왔다. 조나라의 조정에서는 마땅한 인물을 고르지 못해 조괄을 대장으로 삼았다. 조괄의 어머니가 조정으로 달려가 괄은 그럴 만한 인물이 되지 못하니 철회해 달라고 간청하였다.

「장군이었던 제 남편은 무엇보다도 교만을 싫어했습니다. 병사들과 함께 음식 나누기를 즐겨하고 대왕께서 하사하신 상금도 남김없이 부하들에게 나누어주었습니다. 이러한 아비에 비해 제 아들은 장군이 된 날 열병식에서 거만을 피우는 일에 정신을 팔고 있었습니다. 대왕께서 내리신 금품으로 땅과 집을 샀습니다. 이런 아들이 어찌 대임을 수행하겠습니까! 바라건대 아들의 보직을 해임해 주옵소서」

재상이던 인상여(藺相如)마저 간청하였으나 왕은 듣지 않았다.

장군 염파가 물러나고 그 자리를 조괄이 교체하자, 지금까지의 군령을 모조리 뜯어고치고 군리(軍吏)를 경질했다. 염파가 견지했던 수성(守城)

장평대전

전략을 버리고 대거 공격에 나섰다.

진나라 장군 백기(白起)는 이 말을 듣자 기병(奇兵)을 풀어 거짓 달아나는 시늉을 해보이고 조나라 군사의 양도(糧道)를 끊어서 조나라 군사를 분단시켜 둘로 만들었다.

조나라 군사는 사기가 떨어졌고 40여 일이나 굶었다. 조괄은 정병을 내어 몸소 싸웠으나 진나라 군사의 화살을 맞고 죽었다. 이렇게 해서 조나라 군사는 패했고, 수십만의 병사들은 마침내 진나라에 항복했다. 진나라는 이들을 모두 구덩이에 생매장해 죽였다. 이 싸움 전후로 조나라가 잃은 병력은 무려 43만에 이르렀다.

이것이 유명한 장평대전(長平大戰)이다. 전국시대의 판도를 변하게 만든 대표적인 전투의 하나이다. 장평의 승리는 진나라가 천하를 통일하는 기반이 되었으며, 패전국인 조나라의 몰락을 가져온 결정적인 전투였다. 결국 어설픈 지식은 한 번의 경험보다 못할 수도 있다는 것을 가르쳐 준다.

在德不在險

재덕부재험

在德不在险　있을 在 덕 德 아닐 不 험할 險

「덕에 있지 산천의 험준함에 있는 것이 아니다」라는 뜻으로, 나라의 안전은 임금의 덕에 있지, 지형의 험준함에 있지 않다는 말이다. 《사기》 손자오기열전에 있는 이야기다.

오 기

춘추전국시대의 병법가 오기(吳起)가 위문후(魏文侯)를 섬기게 되어, 서하(西河) 태수로 있으면서 많은 전공을 세웠다. 그러다가 문후가 죽자 다시 문후의 뒤를 이은 무후(武侯)를 섬기게 되었다.

어느 날, 무후는 오기와 함께 서하에 배를 띄우고 좌우 산천을 구경하며 내려갔다. 한중간쯤 가서 무후는 오기를 돌아보며,

「참 아름답구려. 산과 물이 이토록 천험의 요새를 이루고 있으니 이야말로 위나라의 보배가 아니겠소?」 하고 못내 자랑스러워했다.

그러자 오기는, 「임금의 덕에 있지 산천의 험준함에 있는 것이 아닙니다(在德不在險)」 하고 옛날 역사를 들어 모든 나라들이 망한 것은 지리가 험하지 않아서가 아니라 임금이 백성을 사랑하지 않고 정치를 올바로 하지 않았기 때문이란 것을 설명했다. 그리고 나서 다시, 「이로 미루어 볼 때 덕에 있고, 험한 것에 있는 것이 아닙니다. 만일 임금께서 덕을 닦지

않으시면 배 안에 있는 사람이 다 적국이 될 수 있습니다(若君不修德 舟中之人盡爲敵國也)」 하고 끝을 맺었다.

무후는 오기의 이 말에 크게 감명을 받고 그를 다시 서하태수로 임명했다는 것이다. 그러나 실상 오기는 덕이 있는 사람은 아니었다.

고담준론
高談峻論 高谈峻论 높을 高 이야기 談 높을 峻 의론할 論

뜻이 높고 바르며 엄숙하고 날카로운 언론. 고상하고 준엄한 이야기. 남의 이목에 아랑곳하지 않고 고고한 척하며 하는 이야기.

1 도 倒	2 행 行		시 施		3 호 好	물 物	부 不		4 다 多
	시 尸								
				5 반 班		6 개 改	과 過		선 善
	7 육 肉	단 袒		형 荊					고 賈
8 백 百						자 自		9 삼 三	
년 年			10 온 溫	고 故	11 지 知	신 新			
			청 凊				12 백 伯	지 之	
13 노 老	14 소 少	부 不			15 안 安		낙 樂	도 道	
	불 不		성 省		분 分		일 一		
						16 좌 左		우 右	면 眄
	17 의 意		양 揚	양 揚					

보기								
	介	過	顧	氣	道	負	貧	逆
	在	錢	定	足	從	走	遷	偕

키워드

1가로 : 차례나 순서를 바꾸어서 행함. 곧 순리를 거슬러 행동함.

2세로 : 살아 있는 송장이요 걸어다니는 고깃덩어리라는 뜻으로, 배운 것이 없어서 아무 쓸모가 없는 사람을 이르는 말.

3가로 : 좋은 물건은 반드시 많아야 할 필요가 없다. 사물의 가치는 수량에 의해 좌우되지 않는다는 말. 5자

4세로 : 밑천이 많은 사람이 장사도 잘함.

5세로 : 「형초를 깔고 앉아 옛일을 이야기한다」는 뜻으로, 옛 친구를 만나 정(情)을 나누는 것을 이르는 말.

6가로 : 과거의 잘못됨 점은 바로잡고 착한 사람으로 다시 태어남.

6세로 : 허물을 고쳐 스스로 새로워짐.

7가로 : 웃옷 한쪽을 벗고 가시나무를 짐. 곧, 잘못을 크게 뉘우침.

8세로 : 부부의 인연을 맺어 평생을 같이 즐겁게 지냄.

9세로 : 예전에, 여자가 따라야 할 세 가지 도리를 이르던 말.

10세로 : 겨울은 따뜻하게, 여름은 시원하게, 밤에는 잠자리를 정하고, 아침에는 안부를 살핀다는 뜻으로, 부모를 섬기는 도리(道理).

11세로 : 족한 줄을 알아 자기의 분수에 만족함.

12세로 : 명마가 백낙을 만나 세상에 알려진다는 뜻으로, 자기의 재능을 알아주는 사람을 만나 대접을 잘 받음을 이르는 말.

13가로 : 죽음에는 늙고 젊음의 선후(先後)가 없음.

14세로 : 조금도 개의치 않음.

15가로 : 가난한 생활을 하면서도 편안한 마음으로 도를 즐겨 지킴.

16가로 : 왼쪽을 돌아보고 오른쪽을 곁눈질한다는 뜻으로, 어떤 일에 앞뒤를 재고 결단하기를 망설이는 태도.

17가로 : 뜻한 바를 이루어 만족한 마음이 얼굴에 나타난 모양.

풀 이

온 고 지 신
溫故之新 溫故知新　익힐 溫 오래될 故 알 知 새로울 新

「온고지신」은 옛 것을 익히고 새 것을 안다는 말이다. 다시 부연해서 말한다면, 옛 것을 앎으로써 그것을 통해 새로운 것을 발견하게 된다는 뜻이다.

《논어》 위정편(爲政篇)에 있는 공자의 말이다.

「옛 것을 익혀 새 것을 알면 남의 스승이 될 수 있다(溫故而知新 可以爲師矣)」

똑같은 「온고이지신(溫故而知新)」이란 다섯 글자가 《중용》 27장에도 나오는데, 이 「온고이지신」의 「온(溫)」에 대해서는 여러 가지 해석들이 나오고 있다. 정현(鄭玄)은 심온(燖溫)을 온(溫)과 같다고 했는데, 심(燖)은 고기를 뜨거운 물속에 넣어 따뜻하게 하는 것을 말한다. 즉 옛 것을 배워 가슴속에 따뜻하게 품고 있는 것을 말한다. 주자(朱子) 주에는 심역(尋繹)하는 것이라고 했다. 찾아 연구한다는 말이다. 결국 「온고이지신」은 옛 것과 새 것

倒	行	逆	施		好	物	不	在	多
	尸								錢
	走			班		改	過	遷	善
	肉	袒	負	荊		過			買
百				道		自		三	
年			溫	故	知	新		從	
偕			凊		足		伯	之	
老	少	不	定		安	貧	樂	道	
	不		省		分		一		
	介					左	顧	右	眄
	意	氣	揚	揚					

<해 답>

이 불가분의 관계에 있음을 말해 주고 있다. 옛 것에 대한 올바른 지식이 없이는 오늘의 새로운 사태를 정확히 파악할 수 없고, 새로운 사태를 정확히 인식하지 못한다면 장차 올 사태에 대한 올바른 판단이 설 수 없다.

과거와 현재와 그리고 미래에 대한 인과(因果) 법칙적인 원리를 터득하지 못한 사람은 후진들을 올바르게 이끌어 줄 자격이 없음을 말한 것이다.

도행역시
倒行逆施   倒行逆施   거꾸로 倒 행할 行 거스를 逆 베풀 施

「거꾸로 행하고 거슬러서 시행한다」는 뜻으로, 순리와 정도에서 벗어나 일을 억지로 강행하는 폐해를 지적한 말이다.

《사기(史記)》 오자서열전에 있는 이야기다.

춘추시대의 정치가로 오자서(伍子胥)는 이름을 운(員)이라 했다. 자서는 그의 자(字)다. 오자서의 아버지 오사(伍奢)는 초평왕의 태자 건(建)의 태부로 충신이었는데, 같은 태자 건의 소부(少傅)였던 비무기의 음모에 의해 억울한 죽음을 당하게 되었다.

오사를 죽이는 데 성공한 비무기(費無忌)는 다시 평왕을 시켜 오사의 아들 오상(伍尙)과 자서를 죽일 음모를 꾸민다. 그러나 오상만이 아버지를 따라 죽고 자서는 그 음모를 미리 알아차리고 망명길을 떠나게 된다.

왕은 오자서를 잡기 위해 전국에 영을 내려 길목을 지키게 하고, 거리마다 오자서의 화상을 그려 붙이고 많은 현상금과 무시무시한 형벌로 아무도 오자서를 숨겨주지 못하게 했다. 오자서는 키가 열 자에 허리가 두 아름이나 되었고, 쟁반만한 얼굴에 두 눈은 샛별처럼 빛났기 때문에 변장으로 사람의 눈을 피할 수는 없었다. 그는 낮에는 산 속에 숨고 밤에만 오솔길을

오자서 조상(彫像)

찾아 도망을 해야 했다.

이렇게 천신만고 끝에 오나라로 망명한 오자서는 마침내 뜻을 이루어 오나라의 강한 군사를 거느리고 초나라로 쳐들어가게 되었다. 초나라는 여지없이 패해 수도가 오나라 군사 손에 떨어지고, 평왕은 이미 죽고 그의 아들 소왕(昭王)은 태후와 왕비마저 버린 채 간신히 난을 피해 도망을 치게 된다.

소왕을 놓쳐버린 오자서는 평왕의 무덤을 찾았다. 그러나 평왕은 오자서의 복수가 두려워 그의 무덤을 깊은 못 속에 만들고, 일을 다 끝낸 뒤 일에 동원된 석공 5백 명을 모조리 물속에 수장시켜 버렸다. 수십 리에 걸친 못에는 물만 출렁거릴 뿐 어느 곳에 묻혀 있는지 위치마저 짐작할 길이 없었다.

그러던 중 평왕의 무덤 공사에 동원되었던 한 노인의 안내로 마침내 평왕의 무덤을 찾을 수 있었다. 노인의 지시에 따라 장롱 같은 돌로 만들어진 물속의 무덤을 하나하나 뜯어내기 시작했다. 못 바닥 몇 길 밑에 들어 있는 돌무덤을 열고 엄청나게 무거운 석곽을 들어올렸다. 그러나 그 속에서 평왕의 시체는 볼 수 없었다.

그것은 사람의 눈을 속이기 위한 가짜 널이었다. 다시 한 길을 파내려가니 진짜 널이 나왔다. 수은으로 채워진 널 속에 들어 있는 평왕의 시체는 살아 있을 때 모습 그대로였다. 순간 오자서의 복수심은 화약처럼 폭발했다. 왼손으로 평왕의 목을 조르고 무릎으로 그의 배를 누른 다음 손가락으로 그의 눈을 잡아 뽑으며 욕을 했다.

초평왕성유지(楚平王城遺址)

「충신과 간신을 구별 못하는 네놈의 눈을 뽑아버리겠다……」

그리고는 그의 아홉 마디 철장(鐵杖)으로 시체를 옆에 뉘어 놓고 3백 대를 쳤다. 뼈와 살이 흙과 함께 뒤범벅이 되었다. 오자서의 둘도 없는 친구 신포서(申包胥)는 이 소식을 듣자, 사람을 보내 오자서에게 이렇게 일렀다.

「그대의 그런 복수 방법은 너무 지나치지 않은가?」

그 말에 오자서도 할 말이 없었든지 이렇게 전해 보냈다.

「나는, 날은 저물고 길은 멀어서, 거꾸로 걸으며 거꾸로 일을 했다(吾日暮塗遠 吾故倒行而逆施之)」

이 복수를 일러 「굴묘편시(掘墓鞭屍)」라고 한다.

여기서 또 「일모도원(日暮途遠)」성어가 생겨났다.

行尸走肉 (행시주육)

行尸走肉　갈 行 송장 尸 달릴 走 고기 肉

살아 있는 송장이요, 걸어 다니는 고깃덩이라는 뜻으로, 배운 것이 없어

쓸모가 없는 사람을 일컫는 말. 《습유기》

호물부재다 好物不在多

好物不在多 좋을 好 만물 物 아닐 不 있을 在 많을 多

좋은 물건은 반드시 많아야 할 필요가 없다. 사물의 가치는 수량에 의해 좌우되지 않는다는 말.

위험한 일을 시작해 놓고 계속할 수도 그만둘 수도 없는 난처한 지경을 이르는 말이기도 하다.

다전선고 多錢善賈

多钱善賈 많을 多 돈 錢 잘할 善 장사 賈

「소매가 길면 춤을 잘 추고, 돈이 많으면 장사를 잘한다(長袖善舞多錢善賈)」는 뜻으로, 무슨 일이든지 조건이 나은 사람이 큰 성과를 거둔다는 것을 비유한 말. 《한비자(韓非子)》 오두편에 있는 말이다.

전국시대 때 한비는, 당시의 정세를 논하는 사람들이 나라를 보존하기 위해 합종(合從) 또는 연횡(連衡)을 택하거나 다른 나라의 힘을 비는 것, 이 모두가 잘못된 방법임을 지적하며 다음과 같이 말하였다.

「지금 안에서는 법령을 시행하고, 밖으로는 지혜로운 사람을 섬기지 않는다면 다스림이 강화되지 않을 것이다. 속담에 이르기를, 『소매가 길면 춤을 잘 추고, 돈이 많으면 장사를 잘한다(長袖善舞 多錢善賈)』고 했다. 이는 자본이 풍부하면 일을 처리하기가 용이하다는 뜻이다. 때문에 강국을 다스릴 때는 도모하기가 쉽고 약하고 어지러운 나라에서는 계획을 세우기가 어려운 것이다. 그러므로 진나라와 같은 나라에서 쓰이는 사람은 열 번 계획을 바꾸어도 실패하는 일이 드물다. 그러나 연나라와 같은 작은 나라에서 쓰이는 사람은 한 번만 바꾸어도 성공하기가 힘들다. 이런 차이가 나는 것은 진나라에서 쓰이는 사람은 지혜롭고, 연나라에서 쓰이는 사람은 어리석기 때문이 아니다. 대개 나라가 잘 다스려지고 있는가 아니면 어지러운가의 차이일 뿐이다. 그래서 주(周)나라는 진나라를 떠나 합종한 지 1년 만에 멸망하였고, 위(衛)나라는 위(魏)나라를 떠나 연횡한 지 반년 만에 망하였다」

한 비

즉, 얼마만큼 준비되고 풍부한가에 따라 그 미래가 결정된다는 말이다.

반형도고 班荊道故

班荆道故　　나눌 班 모형나무 荊 길 道 옛 故

「형초를 깔고 앉아 옛일을 이야기한다」는 뜻으로, 옛 친구를 만나 정을 나누는 것을 이르는 말이다. 《좌씨전》 양공(襄公) 26년조에 있는 이야기다.

춘추시대(春秋時代) 초나라의 오씨(伍氏) 집안은 채(蔡)나라의 공손(公孫) 집안과 양 대에 걸친 교분을 유지하고 있었다.

아버지 오참(伍參)과 공손자조(公孫子朝), 그리고 아들 오거(伍擧)와 공손귀생(公孫貴生)은 모두 절친한 사이였다. 오거는 초거(椒擧)라고도 불렀는데, 그는 초나라의 대부였고, 그의 아내는 왕자모(王子牟)의 딸이었다.

왕자모는 신(申 : 지금의 하남성 양현 북쪽) 땅을 봉읍으로 받았으므로 사람들은 그를 신공(申公)이라 불렀다. 그런데 신공이 죄를 짓고 도망하자, 초나라 사람들은 유언비어를 퍼뜨렸다.

「왕자모가 죄를 짓고 도망친 것은, 그의 사위 오거가 빼돌린 것이다」

이 소문이 퍼지자, 오거는 불안함을 느끼고 가까운 정(鄭)나라로 몸을 피할 수밖에 없었다. 정나라로 몸을 피하긴 하였지만 오거는 여전히 마음을 놓을 수 없었으므로 다시 진(晉)나라로 도망하고자 하였다. 그런데 오거의 친구인 채(蔡)나라 대부 성자(聲子 : 본명은 공손귀생)가 때마침 진(晉)나라로 가는 길에 정나라의 도읍 부근에서 우연히 오거를 만나게 되었다.

「성자와 오거는 풀밭에서 음식을 서로 나누어 먹으면서 지나간 옛 이야기를 하였다(班荊相與食 而言復故)」

오거는 자신이 초나라를 떠나야 했던 이유를 성자에게 들려주었고, 성자는 그를 도와주겠다고 약속하였다. 얼마 후, 오거는 성자의 도움으로 다시 초나라로 돌아 올 수 있었다.

改過遷善 (개과천선)

改过迁善 　　 고칠 改 허물 過 옮길 遷 착할 善

지난날의 잘못이나 허물을 고쳐 올바르고 착하게 된다는 뜻으로, 잘못 들어선 길을 버리고 착한 사람으로 다시 태어나겠다는 결의를 실천하여 마침내 이룩함을 이르는 말. 《진서(晉書)》에 있는 이야기다.

진(晉)나라 혜제(惠帝) 때 양흠지방에 주처(周處)라는 사람이 있었는데, 태수 벼슬을 한 주처의 아버지 주방(周紡)이 그의 나이 열 살 때 세상을 떠났다.

주처 소상(塑像)

아버지의 가르침과 보살핌을 받지 못한 그는 매일같이 방탕한 생활을 하며 지냈다. 게다가 남달리 강인한 몸에다 힘도 장사여서 걸핏하면 남을 두들겨 패는 포악한 성격이 되어 마을 사람들로부터 남산의 호랑이, 장교(長橋)의 교룡(蛟龍)과 더불어 삼해(三害)라는 달갑지 않은 평판을 듣게 되었다.

그랬던 주처가 점차 철이 들면서 마침내 자신의 허물을 깨닫고 지난 과오를 고쳐서 새 사람이 되겠다(痛改前非 重新做人)는 결심을 하였다. 하지만 마을 사람들이 그의 말을 믿지 않고 계속 피하기만 하자, 결국 마을 사람들에게 어떻게 하면 자기의 말을 믿어 주겠느냐며 하소연을 하게 되었다.

이에 마을 사람들은 그에게 이렇게 말했다.

「남산에 사는 사나운 호랑이와 장교(長橋) 밑에 사는 교룡(蛟龍)을 죽여 준다면 자네의 말을 믿겠네」

마을 사람들은 속으로는 눈엣가시 같은 주처가 호랑이와 교룡에게 잡아먹히기를 바라고 이런 제안을 한 것이다. 그런데 주처가 목숨을 건 사투 끝에 마침내 호랑이와 교룡을 죽이고 마을로 돌아왔다. 그런데 아무도 그를 반겨주는 사람이 없었다. 실망한 그는 마을을 떠나 동오(東吳)에 가서 학자 육기(陸機)를 만나 자초지종을 이야기하자, 육기는 이렇게 말했다.

「군은 의지를 지니고 지난날의 과오를 고쳐서 새사람이 된다면(改過遷善) 자네의 앞길은 무한하네」

주처는 이에 용기를 얻어 이후 10여 년 동안 학문과 덕을 익혀 마침내 학자가 되었다. 「개과자신(改過自新)」과 같은 뜻이다. 공자 역시 「허물을 고치지 않는 것이 더 큰 허물이며, 허물을 알았으면 고치기를 꺼리지 말라」고 하였다.

개과자신
改過自新 改过自新 고칠 改 허물 過 스스로 自 새로울 新

순우의

허물을 고쳐 스스로 새로워지게 함.

허물을 고쳐 재기한다는 의지를 표현한 말로 「개과천선(改過遷善)」과 같은 말이다.

《사기》 편작창공열전(扁鵲倉公列傳)에 있는 이야기다.

한 무제 13년(기원전 167년), 한 세도가가 의술로 사람을 기만하고 생명을 경시했다는 이유로 명의 태창공(太倉公) 순우의(淳于意)를 고발했다. 지방 관리는 이를 유죄로 판결하고 순우의에게 육형(肉刑)을 선고했다.

서한 초기의 법령에 따르면, 관리가 육형을 선고 받으면 도성 장안으로

가서 형을 받아야 했다. 그래서 순우공은 장안으로 압송되었다.

황제의 명령은 이미 하달되어 사람이 와서 순우공을 장안으로 압송했다. 순우공은 아들 없이 딸만 다섯이었다. 순우공은 잡혀갈 당시 딸들에게 한탄하며 말했다.

「딸만 낳고 아들을 낳지 못한 채 이런 위기에 몰리니, 역시 쓸모있는 녀석이 하나도 없구나」

편작(진월인)의 흉상

아버지의 한탄을 듣고 이제 겨우 열다섯 살인 어린 딸 제영이 아버지와 함께 장안을 향해 길을 나섰고, 그녀는 가는 내내 아버지의 뒷수발을 들었다. 임치는 장안에서 무려 2천 리나 떨어져 있어서 부녀는 가는 도중에 풍찬노숙(風餐露宿)하는 등 온갖 고생을 다했다.

천신만고 끝에 장안에 도착한 순우공은 곧바로 감옥으로 압송되었다. 그러자 제영은 아버지를 구하고자 용기를 내서 문제에게 글을 올렸다.

「소첩이 매우 비통한 것은 죽은 자는 다시 살아날 수 없고, 형죄를 받은 자는 다시 이전처럼 될 수 없다는 것입니다. 비록 허물을 고쳐 스스로 새롭게 하고자 하나 그렇게 할 방법이 없으니 끝내 기회를 얻을 수 없을 것입니다(妾切痛死者不可復生而刑者不可復續 雖欲改過自新 其道莫由 終不可得)」

아버지에게 과오를 시정할 수 있는 기회를 달라고 황제에게 사정하는 내용이었다. 그러면서 그녀는 아버지의 죄를 속죄하는 의미에서 자신이 노비가 되겠다고 했다. 제영의 효심에 감동한 문제는 그의 부친을 풀어주고 육형을 면해주었다.

육단부형
肉袒負荊

肉袒負荊　몸 肉 웃통 벗을 袒 질 負 가시나무 荊

「윗옷 한쪽을 벗고 등에 형장을 지고 간다」는 뜻으로, 자신의 잘못을 인정하고 처벌해줄 것을 자청한다는 말이다.

《사기》 염파인상여열전에 있는 이야기다.

전국시대 조나라 혜문왕에게는 염파와 인상여(藺相如)라는 신하가 있었다. 인상여는 조나라의 보물인 화씨벽(和氏璧)을 진나라의 위협으로부터 지켜낸 인물로, 이로부터 「완벽귀조(完璧歸趙)」라는 고사성어의 장본인이었다. 또 민지(澠池)의 회합에서도 인상여가 지모를 발휘하여 조나라의 위엄을 지켰다.

육단부형 소조(塑彫)

인상여는 이러한 공을 인정받아 상경(上卿)의 지위에 오르게 되었다. 그렇게 되자 염파보다 지위가 위가 되었다. 염파는 화가 치밀었다.

「나는 조나라 장군으로서 성을 치고 들에서 싸운 큰 공이 있는 사람이다. 인상여는 한갓 입과 혀를 놀림으로써 나보다 윗자리에 오르다니 이는 용납할 수 없는 일이다. 상여를 만나면 반드시 모욕을 주고 말겠다」

이 소문을 들은 인상여는 될 수 있으면 염파를 만나지 않으려 했다. 조회 때가 되면 항상 병을 핑계하고 염파와 자리다툼하는 것을 피했다. 언젠가 인상여가 밖으로 나가다가 멀리 염파가 오는 것을 보자 옆 골목으로 피해 달아나기까지 했다.

인상여 묘

이런 광경을 본 인상여의 부하들은 인상여의 태도가 못마땅해 했다. 인상여가 그들에게 말했다.

「그대들은 염장군과 진왕 중 어느 쪽이 더 대단하다고 생각하는가?」

「그야 진왕과 어찌 비교가 되겠습니까?」

「그 진왕의 위력 앞에서도 이 인상여는 그를 만조백관이 보는 앞에서 꾸짖었다. 아무리 내가 우둔하기로 염장군을 무서워하겠는가! 진나라가 우리 조나라를 함부로 넘보지 못하는 것은 염장군과 내가 있기 때문이다. 두 호랑이가 맞서 싸우면 하나는 반드시 죽고 마는 법이다. 내가 달아나 숨는 것은 나라 일을 소중히 알고, 사사로운 원한 같은 것은 뒤로 돌려버리기 때문이다」

그 뒤 이 소식을 전해들은 염파는 웃옷을 벗어 매를 등에 지고 인상여의 집을 찾아가서 사죄하였다. 이에 장군과 국상은 화해하고 문경지교를 맺게 되었다(廉頗肉袒負荊 至藺相如門謝罪 卒相與歡 爲刎頸之交).

「부형청죄(負荊請罪)」라고도 한다. 그리고 생사를 같이할 수 있는 친구 사이를 가리켜 「문경지교(刎頸之交)」라고도 한다.

백년해로 百年偕老

百年偕老 일백 百 해 年 함께 偕 늙을 老

부부의 인연을 맺어 평생을 같이 즐겁게 지낸다는 말.

《시경(詩經)》 격고(擊鼓)에 있는 이야기다.

「격고」는 고향을 등지고 멀리 떨어진 싸움터에서 아내를 그리워하는 한 병사가 읊은 애절한 시다.

「죽거나 살거나 함께 고생하자던(死生契闊) / 당신과의 굳은 언약이었지(與子成說) / 섬섬옥수 고운 손잡고(執子之手) / 오손도손 백년해로하자고(與子偕老)」

언제 죽을지도 모르는 전쟁터에서 고향에 돌아갈 날만 손꼽아 기다리는 병사의 심정을 그대로 그린 시다. 전장에서 남편이 돌아오기만을 하염없이 기다리는 아내를 생각하니 서글퍼지는, 생이별을 참고 견뎌야 하는 병사의 심정이다.

우리 속담에 「검은 머리 파뿌리 되도록」이라는 말이 있듯이 부부가 한번 인연을 맺으면 죽을 때까지 함께하는 것을 행복한 삶으로 간주한다. 백년해로에서 백년은 오랜 세월을 말한다. 백년해로를 의미하는 또 다른 표현도 있다.

《시경》 왕풍 「대거」란 시는 이루기 어려운 사랑 속에서 여자가 진정을 맹세하는 노래다. 3장으로 된 마지막 장에 「동혈」이란 말이 나온다.

「살아서는 방을 달리해도(穀則異室) / 죽어서는 함께 묻히리라(死則同穴). / 내 말이 믿기지 않다면(謂予不信) 저 해를 두고 맹세하리(有如皦日)」

「유여교일(有如皦日)」은 해를 두고 맹세할 때도 흔히 쓰는 말로, 만일 거짓이 있으면 저 해처럼 없어지고 만다는 뜻으로 풀이되기도 한다.

삼 종 지 도
三從之道 叁从之道 석 三 따를 從 의 之 도리 道

봉건시대에 여자가 지켜야 할 세 가지 예의 도덕. 어렸을 때는 어버이를 좇고, 시집가서는 남편을 좇고, 남편이 죽은 뒤에는 아들을 좇음. 봉건사회에 있어서 남녀의 불평등 가운데 가장 말썽이 되어 온 것이 「삼종지도」와 「칠거지악(七去之惡)」이다.

「삼종지도」는 여자가 평생을 통해 남편을 좇아야 되는 세 가지 길이란 뜻이다. 같은 뜻의 말로 「삼종지덕(三從之德)」, 「삼종지의(三從之義)」, 「삼종지례(三從之禮)」 등 여럿이 있다.

《예기(禮記)》에 나오는 말로서, 「여자는 세 가지 좇아야 하는 길이 있으니(女子有三從之道), 집에서는 아버지의 뜻을 따르고(在家從父), 시집을 가서는 남편을 좇고(適人從夫), 남편이 죽으면 아들을 좇는다(夫死從子)」라고 되어 있다.

결국 여자는 평생 자기 뜻을 고집해서는 안된다는 이야기다.

우리 호적법(戶籍法)을 보면 짐작할 수 있듯이, 말로는 남녀평등을 부르짖고 있지만, 여전히 이 삼종지도의 전통이 뿌리깊이 남아 있다고 볼 수 있다. 「칠거지악」은 「삼종지도」보다 여자에게는 더 가혹한 것이었다.

溫凊定省
(온 청 정 성)

温凊定省　　따뜻할 溫 서늘할 凊 정할 定 살필 省

겨울은 따뜻하게, 여름은 시원하게, 밤에는 잠자리를 정하고, 아침에는 안부를 살핀다는 뜻으로, 부모를 잘 섬기고 효성을 다함을 이르는 말이다.

이 말은 「혼정신성(昏定晨省)」이란 말과 뜻이 통한다. 「혼정(昏定)」은 「밤에는 부모의 잠자리를 보아 드린다」는 뜻이고, 「신성(晨省)」은 「이른 아침에는 부모의 밤새 안부를 묻는다」는 뜻으로, 두 말이 결합된 말이다.

공자성적도(孔子聖蹟圖 : 治任別歸, 공자가 죽은 뒤에도 자공은 오두막을 짓고 6년 동안 묘를 지켰다)

또 「동온하청(冬溫夏凊)」이라는 말도 있다. 곧, 부모를 섬기는데, 겨울에는 따뜻하게, 여름에는 서늘하게 한다는 뜻이다. 모두 《예기》에 나오는 말로서 그 뜻이 서로 통하는 말이다.

부모에 대한 공경을 바탕으로 한 행위가 곧 효, 또는 효행이다. 이 효사상은 동서고금을 막론하고 인륜의 가장 으뜸 되는 덕목으로 중시되었다. 즉 「효는 백행지본(百行之本)」이라 하여 부모를 봉양하고, 공경하며, 복종하고, 조상에게 제사를 올리는 일이 의무화되면서 효사상이 사회규범으로 굳어졌다.

공자는 이러한 효에 대해 그 구체적인 실천방법을 제시하여 확고히 정착시켰다. 이 유교적인 효 사상은 맹자에 와서는 자식의 부모에 대한 의무가 더욱 강조되었고, 한대(漢代)에 이르러 《효경(孝經)》에서 도덕의 근원, 우주의 원리로서 명문화되기에 이르렀다.

이처럼 효 사상이 가장 중요한 도덕규범으로 정착되자, 자연히 효에 대한 행동상의 규범도 많아지게 되었다. 일종의 구체적인 실천방법으로, 먼저 부모를 대하는 얼굴 가짐을 중시했다.

늘 부드러운 얼굴빛으로 부모를 섬겨 편안하게 해드려야 한다는 것으로, 그것이 쉽지 않은 일이라 하여 「색난(色難)」이라 하였다. 또 부모의 잘못을 보면 간언은 하되 뜻은 거역하지 않으며, 살아 계실 때에는 정성으로 모시고, 돌아가시면 3년간 부모의 평소 생활습관을 바꾸지 않고 지켜야 했다. 그러나 무엇보다도 평소 일상생활 중에서 부모를 잘 모시는 것이 가장 중요한 것으로 여겨졌다.

이를테면 저녁에는 잠자리가 어떤지 직접 손을 넣어 확인해 보고, 아침에는 간밤에 잘 주무셨는지 여쭌 다음 부모의 안색을 주의 깊게 살폈으니, 이것이 바로 「온청정성」으로 부모를 모시는 기본 도리였던 것이다.

지 족 안 분
知足安分

知足安分　알 知 /족할 足 /편안할 安 /나눌 分

족한 줄을 알아 자기의 분수에 만족함.

백 낙 일 고
伯樂一顧

伯乐一顾 맏이 伯 음악 樂 즐거울 樂 한 一 돌아볼 顧

「백낙이 한 번 돌아본다」는 뜻으로, 명마(名馬)도 백낙을 만나야 세상에 알려진다는 뜻으로, 재능 있는 사람도 그 재주를 알아주는 사람을 만나야 빛을 발한다는 말이다. 백낙(伯樂)은 원래 별 이름이다. 이 별은 하늘에서 말을 다스리는 일을 맡고 있기 때문에 남의 말의 좋고 나쁜 것을 잘 아는 사람을 「백낙」이라고 부르게 되었다.

백낙상마도(伯樂相馬圖)

백낙과 천리마 이야기는 꽤 오랜 옛날부터 전해오고 있는데, 가장 널리 알려진 것은 한유(韓愈)의 《잡설(雜說)》에 나와 있다. 잡설은 수필과 비슷한 뜻이다.

「세상에 백낙이 있은 뒤에라야 천리마가 있는 법이다. 천리마는 항상 있지만, 백낙은 항상 있지 못하다……(世有伯樂然後有千里馬 千里馬常有而伯樂不常有……)」

이것은 유명한 말이다. 세상에 인재는 늘 있는 법이다. 다만 그 인재를 알아주는 인물이 없다는 것을 힘주어 말한 데 특색이 있다. 또 천리마는 때로는 한 끼에 곡식 한 섬을 먹는데, 말을 먹이는 사람은 그것이 천리마인 줄을 모르고 먹이는 터라 말은 배가 고파 힘을 낼 수 없어 그 능력을 보여줄 수 없게 된다고 했다.

아무리 재능이 있는 사람일지라도 그 재능을 발휘할 수 있는 여건이 이루어지지 못하면 보통 사람보다 오히려 더 못해 보일 경우도 있다는 것을 비유해 말한 것이다. 한신 같은 재주도 장앙(張良)과 소하(蕭何)만이 알았고, 범증 같은 모사도 항우 밑에서는 아무 소용이 없었다.

《전국책(戰國策)》에 이런 이야기가 있다.

「어떤 사람이 백낙을 만나 말하기를 『제게 준마가 한 필 있어 지난번에 팔려고 했습니다. 그러나 사흘이나 저잣거리에 내놓았지만 누구 한 사람 거들떠보지도 않더군요. 청컨대 제 말을 한번 살펴보아 주십시오. 사례는 충분히 하겠습니다』 했습니다. 그래서 백낙이 가서 그 말을 한번 살펴보고는 돌아갔습니다. 그러자 말 값이 갑자기 열 배로 치솟으며 서로 사겠다고 아우성을 쳤다는 것입니다」

이 이야기에서 「백낙이 한번 돌아보았다(伯樂一顧)」는 성구가 나왔는데, 아무리 역량이 탁월한 사람도 뛰어난 사람의 인정을 받아야 그 가치가 드러난다는 뜻으로 사용되고 있다.

노소부정 老少不定

老少不定　　늙을 老 적을 少 아니 不 정할 定

반드시 노인은 먼저 죽고, 젊은이는 오래 산다고 정해진 것이 아니라는 뜻. 인간의 수명이나 죽는 시기는 알 수 없는 것이어서 언제 죽음이 닥쳐올지 모른다는 말이다.

일본 승려 겐신(源信)이 쓴 《관심약요집(觀心略要集)》에 있는 말로, 인간의 수명은 노소부정한 것이어서 무상(無常)하기 이를 데 없으므로 부처님을 믿고 불경을 외우라고 권한 데서 비롯되었다. 제행무상(諸行無常)이라는 말 가운데 하나이다.

소불개의
少不介意　少不介意　적을 少 아닐 不 끼일 介 품을 意

조금도 개의하지 않음. 즉 조금도 마음에 두지 않는다는 뜻.

안빈낙도
安貧樂道　安贫乐道　편안할 安 가난할 貧 즐거울 樂 길 道

구차하고 가난한 중에서도 편안한 마음으로 도(道)를 즐김.

《논어》 술이편에 있는 말이다.

안 회

구차(苟且)하고 가난한 생활에서도 그에 구속되지 않고 편안한 마음으로 도(道)를 즐김을 이르는 말이다. 옛 선비들의 생활신조이기도 했다.

공자(孔子)가 이르기를,

「나물 먹고 물마시고 팔을 베고 누웠어도 낙이 그 가운데에 있으니, 의롭지 않는 부와 귀는 나에게는 뜬구름과 같을 뿐이다(飯疏食飮水 曲肱而枕之 樂亦在其中矣 不義而富且貴 於我如浮雲)」

공자가 제자들에게 강조했던 정신 가운데 하나이다. 공자의 제자 가운데 특히 안회(顔回)는 안빈낙도를 실천했던 사람으로 알려져 있다. 안회는 너무도 청빈하게 살았기 때문에 쌀뒤주가 항상 비어 있었다. 그러면서도 불의와 타협하지 않고 스승이 가르쳐준 도를 즐겼다고 한다.

평생 끼니도 제대로 잇지 못했지만, 외부의 환경을 탓하거나 자신의 처지를 비관한 적이 없었고 오히려 주어진 환경을 순순히 받아들이고 성인(聖人)의 도를 실천했다.

左顧右眄 (좌고우면)

左顾右眄 　 왼 左 돌아볼 顧 오른 右 곁눈질할 眄

「왼쪽을 돌아보고 오른쪽을 곁눈질하다」라는 뜻으로, 어떤 일에 앞뒤를 재고 결단하기를 망설이는 태도를 비유하는 말이다.

삼국시대 위(魏)나라 조식(曹植)은 조조(曹操)의 셋째아들이다. 오질(吳質)은 자가 계중(季重)이며, 재능과 학식이 출중하여 위나라에서 진위장군(震威將軍)을 지냈고 열후(列侯)에 봉하여졌다. 조식이 오질에게 보낸 편지 「여오계중서(與吳季重書)」에 다음과 같은 내용이 있다.

「계중(季重) 족하는 전날 관리로 등용되어 능히 나와 가깝게 자리할 수 있었습니다. 비록 여러 날 잔치 자리에서 술을 마시기는 했지만 서로 멀리 떨어져 만나는 일이 드물어져 오히려 쌓인 노고를 다할 길이 없게 되었습니다. 술잔 가득 술이 넘실거리고, 퉁소, 피리가 뒤에서 연주하면, 그대는 독수리처럼 비상하여 봉황이 탄복하고 호랑이가 응시할 것이니, 한고조의 명신 소하(蕭何), 조참(曹參)도 그대의 짝이 될 수 없고, 한 무제의 명장 위청(衛靑), 곽거병도 그대와 어깨를 나란히 할 수 없을 것입니다. 왼쪽을 돌아보고 오른쪽을 살펴보아도 사람이 없는 것과 같다고 할 것이니, 어찌 그대의 장한 뜻이 아니겠습니까(左顧右眄 謂若無人 豈非吾子壯志哉)」

조식은 이 글에서 오질의 문무 겸비한 기상이 출중하여 고금을 통틀어

조식의 묘

견줄 만한 사람이 없다고 찬미하였다.

이렇듯 좌고우면은 원래 좌우를 살펴보며 자신만만한 모습을 형용하는 말로 사용되었는데, 나중에 이리저리 살피는 모습 또는 어떤 일에 대한 고려가 지나쳐서 결단을 내리지 못하고 망설이는 태도를 비유하는 말로 사용되게 되었다.

의기양양 意氣揚揚 意气扬扬 뜻 意 기운 氣 날릴 揚 날릴 揚

「의기가 드날리다」라는 뜻으로, 바라던 대로 이루어져 매우 자랑스러워하며 뽐내는 모양을 비유하는 말이다. 의기양양(意氣洋洋)이라고 쓰기도 한다.

《사기(史記)》 관안열전(管晏列傳)에 있는 이야기다.

춘추시대 제(齊)나라의 안영은 영공(靈公)·장공(莊公)·경공(景公)의 3대를 섬기면서 근검절약하고 군주를 잘 보좌하여 명재상으로 존경받았다.

안영이 하루는 외출을 하게 되었는데, 마부의 아내가 문틈으로 내다보니 그의 남편이 재상의 마부로서 커다란 일산을 받쳐 들고 네 마리의 말에 채찍을 가하며 의기양양하게 흐뭇한 모습이었다(意氣揚揚 甚自得也).

얼마 뒤에 남편이 집에 돌아오자, 그 아내는 남편에게 이혼을 하자고 했다. 남편인 마부가 사연을 물으니 아내가 대답했다.

「영상(領相)께서는 그 키가 6척도 안 되건만 그의 몸은 제나라 재상으로서 제후 사이에도 이름이 높습니다. 그렇지만 아까 그가 외출하는 모습을 내가 보니 매우 침착하고 모든 사람에게 겸손합디다. 그런데 당신은 키가 8척이나 되면서 남의 마부가 되었고, 거기에다 만족스런 모습입디다. 제가 당신 곁을 떠나고 싶다는 것은 이 때문입니다」

안 영

그 일이 있은 후로, 마부는 자신을 억제하여 겸손한 사람이 되었다. 안자가 이상하게 여겨 그 마부에게 물으니, 마부가 사실대로 말했다. 안영은 느낀 바 있어 그를 천거하여 대부(大夫)로 삼았다.

1 맹 孟	모 母	삼 三				2 명 名	불 不	3 허 虛	
모 母									
4 단 斷		5 취 取	의 義			6 각 脚		생 生	
					7 세 洗	답 踏		백 白	
		선 選							
8 양 兩	자 者		9 일 一	패 敗	10 도 塗	11 지 地		천 天	애 涯
			석 石						
12 신 身	13 토 土		이 二		지 之			14 후 後	
	붕 崩				15 고 苦		감 甘	래 來	
	16 해 解		화 花		17 즉 卽	시 時	일 一	배 杯	

보기									
角	機	不	捨	三	實	室	語	瓦	
章	傳	鳥	足	酒	盡	遷	擇	炭	

키워드

1가로 : 맹자 어머니가 아들을 올바로 교육시키기 위해 세 번이나 이사했다.

1세로 : 맹자의 어머니가 베틀의 실을 끊었다는 말로, 학문을 중도에서 그만두면 아무 쓸모가 없다는 뜻.

2가로 : 명성이나 명예가 헛되이 퍼진 것이 아니다.

3세로 : 방을 비우면 빛이 그 틈새로 들어와 환하다는 뜻으로, 무념무상(無念無想)의 경지에 이르면 저절로 진리에 도달할 수 있음을 비유해 이르는 말.

4가로 : 문장에서 필요한 부분만을 인용하거나 자기 본위로 해석하여 쓰는 것.

5세로 : 취할 것은 취(取)하고, 버릴 것은 버려서 골라잡음

6가로 : 발이 실제로 땅에 붙었다는 뜻으로, 일 처리 솜씨가 착실함.

7가로 : 상전의 빨래를 하여 주느라 종의 발꿈치가 희게 된다는 뜻으로, 남을 위하여 한 일이 자신에게도 얼마간의 이득이 됨.

8가로 : 둘 중에서 하나를 가림.

9세로 : 돌 하나로 두 마리 새를 얻다. 한 가지 일을 해서 두 가지 이익을 얻음.

10세로 : 진흙 수렁에 빠지고 숯불에 타는 듯한 고통이란 뜻으로, 학정에 시달리는 백성들의 어려움을 가리키는 말.

11가로 : 땅의 한 모퉁이와 하늘의 끝. 서로 멀리 떨어져 있음의 비유.

12가로 : 몸과 태어난 땅은 하나라는 뜻으로, 제 땅에서 산출된 것이라야 체질에 잘 맞음.

13세로 : 「흙이 붕괴되고 기와가 깨진다」라는 뜻으로, 사물이 수습할 수 없을 정도로 철저하게 궤멸되는 것을 비유하는 말.

14세로 : 술자리에서 늦게 온 사람에게 권하는 석 잔의 술.

15가로 : 어렵고 힘든 일이 지나면 즐겁고 좋은 일이 오기 마련이다.

16가로 : 말을 이해하는 꽃이란 뜻으로, 미인을 비유하여 이르는 말. 3자

17가로 : 지금 당장 눈앞에 있는 한 잔 술. 나중의 큰 이익보다 현재의 조그마한 이익이 더 좋다는 말. 5자

풀 이

일패도지
一敗途地 一败涂地 한 一 패할 敗 바를 塗 땅 地

여지없이 패하여 다시 일어날 수 없게 됨.

《사기》 고조본기(高祖本紀)에 있는 한고조 유방의 말로, 진시황 말년 「동남방에 천자의 기운이 있다」 고 말하는 사람이 있자, 시황은 동쪽으로 순행을 나가 이 기운을 찾아 후환을 막을 생각이었다.

유방은 혹시 자기에게 어떤 화가 미치지 않을까 하고 산중으로 숨었다. 그러자 유방이 있는 패읍(沛邑) 사람들도 그를 따랐다.

소 하

이윽고 시황이 죽고 2세가 즉위하자, 진승(陳勝)이 반란을 일으켰다. 그러자 각 고을마다 호걸들이 일어나 수령을 죽이고 반기를 들어 진승에게 호응했다.

패읍의 수령도 반란민에게 죽게 될까 겁이 났다. 그래서 자진해서 고을 백성들을 이끌고 진승에게 호응할 생각으로 부하인 소하(蕭何)와 조참(曹參)을 불러 상의했다. 그러자 소하와 조참이 말했다.

「진나라 관리인 사도께서 반란을 일으키려 하면 사람들이 말을 듣지 않을 것입니다. 사또께서 먼저 밖으로 도망쳐 나가 있는 사람들을 불러들이십시오. 아마 수백 명에 달할 것입니다. 그들의 힘을 빌려 대중을 위협

하면 감히 거역할 사람이 없을 것입니다」

그리하여 번쾌를 보내 유방을 불렀다. 그때 유방을 따른 사람들은 벌써 수백 명에 달하고 있었다. 수백 명이 떼 지어 오는 것을 보자 현령은 후회막급이었다. 얼른 성문을 닫고 소하와 조참을 죽이려 했다. 두 사람은 성을 넘어 유방에게로 가서 몸을 의지했다.

孟	母	三	遷			名	不	虛	傳
母								室	
斷	章	取	義			脚		生	
機		捨			洗	踏	足	白	
		選				實			
兩	者	擇	一	敗	塗	地	角	天	涯
			石		炭				
身	土	不	二		之			後	
	崩		鳥		苦	盡	甘	來	
	瓦							三	
	解	語	花		卽	時	一	杯	酒

<해 답>

유방은 비단 폭에 글을 써서 성 위로 쏘아 보냈다. 그 글의 지시에 따라 고을 사람들은 현령을 죽이고 성문을 열었다. 유방을 맞이한 부로들은 그를 현령에 추대하려 했다. 그러자 유방은 현령되기를 사양하며 이렇게 말했다

「천하가 혼란하여 각지의 제후가 일어나고 있다. 지금 그만한 장수를 찾지 못한다면 한 번에 패하여 땅에 묻힐 것이다(天下方擾 諸侯竝起 今置將不善 一敗塗地). 나는 나의 안전을 위해 이런 말을 하는 것이 아니다. 나의 능력이 부족하여 그대들의 부형이나 자제들의 생명을 완전히 할 수 없음을 두려워하는 것이다. 이는 중대한 일이다. 원컨대 다시 사람을 고르는 것이 옳을 것이다」

그러나 결국은 자청하는 사람도 할 만한 사람도 없어 유방이 패현의

함양에 입성하는 유방

현령이 된다. 그리하여 패령이 패공이 되고, 패공이 한왕(漢王)이 되고, 한왕이 다시 한고조가 되는 것이다.

「일패도지」의 뜻을 주해에는, 「하루아침에 깨어져 패하게 되면, 간과 골로 땅을 바르게 된다는 것을 말한다(言一朝破敗 使肝腦塗地)」고 했다. 즉 골이고 창자고 온통 흙과 한 덩어리가 되고 만다는 얘기다. 여기서 「간뇌도지(肝腦塗地)」란 말이 나왔다.

孟母三遷 (맹모삼천)

孟母叄迁 맏 孟 어미 母 석 三 옮길 遷

교육은 환경의 지배를 받는다.

현모양처라는 말이 있지만, 그 현모의 표본이 이 맹모이다. 맹모라 함은 맹자의 어머니, 맹자는 두 말 할 것도 없이 전국시대의 「유가(儒家)」―유교학자의 중심인물이며 「아성(亞聖)」―성인 공자에 버금가는(亞) 자라고까지 일컬어지는 현철(賢哲), 추(鄒)의 맹가(孟軻, BC 371~289)를 말한다.

그 맹자는 어려서 아버지를 잃고 편모슬하에서 자랐다. 그의 어머니는 자기의 정열을 오직 아들 성장에만 걸고 있는 것이었다. 어떻게 해서든지 내 아들을 훌륭한 사람으로 만들어야지 하는 지성(至誠)이 이 「삼천지교」 라든지 「단기지교」 라는 훈화를 낳게 한 것이다.

「삼천지교」는 아동의 교육에는 환경의 영향이 심대하며, 교육은 환경의 지배를 받는다는 것을 시사하고 있다.

맹모삼천도

맹자의 어머니는 처음 공동묘지 근처에서 살고 있었는데, 맹자는 노는 데도 벗이 없어, 우물 파는 인부의 시늉을 하므로 이래서는 안되겠다고 시장 근처로 이사하였더니, 이번에는 장사치의 시늉만 하는 것이었다. 마지막으로 글방 근처로 이사하였더니, 제사 때 쓰는 도구를 늘어놓고 예(禮)를 본받으므로 「이런 곳이야말로 아들을 기를 만한 곳이다」 라고 기뻐하였다는 것이다.

확실히 아이들이 주위 환경의 영향을 받는다는 것은 하나의 인생행로를 밟게 되는 것이 아닐까! 어찌 되었든 맹자는 「제사 때 쓰는 도구를 늘어놓고 예를 본뜨는 것에서 아성(亞聖) 현철(賢哲)의 첫걸음을 내디뎠다.

맹 모 단 기
孟母斷機

孟母断机　　만 孟 어미 母 자를 斷 틀 機

「맹자의 어머니가 베틀의 실을 끊다」 라는 뜻으로, 학문을 중도에

맹모단기(淸, 강수)

서 그만두면 아무 쓸모가 없다는 말.

전한(前漢) 말 유향(劉向)의 《열녀전》에 있는 이야기다.

전국시대 추(鄒)나라의 철학자 맹자는 성선설을 바탕으로 인의(仁義)를 중시하는 왕도정치를 주창하였으며, 공자의 사상을 발전시켜 유교를 후세에 전하는 데 큰 영향을 끼친 당대 최고의 유학자였다. 어려서 아버지를 여의고 어머니 밑에서 자랐는데, 그 어머니는 아들 교육에 남다른 관심을 가진 사람이었다.

이 고사도 맹자 어머니의 아들 교육에 관한 일화이다. 맹자는 학문에 전념할 나이가 되자 고향을 떠나 공부를 하였다. 그런데 어느 날, 기별도 없이 맹자가 집으로 돌아왔다. 마침 베틀에 앉아 베를 짜고 있던 어머니는 갑자기 찾아온 아들을 보고 기쁘기는 하였지만, 감정을 억누르고 아들에게 물었다.

「네 공부가 어느 정도 되었느냐?」

「아직 마치지는 못하였습니다」

어머니는 짜고 있던 베틀의 날실을 끊고는 아들을 꾸짖었다.

「네가 공부를 중도에 그만두고 돌아온 것은 지금 내가 짜고 있던 베의 날실을 끊어버린 것과 같다. 무엇을 이룰 수 있겠느냐?」

맹자는 어머니의 이 말에 크게 깨달은 바가 있어 다시 스승에게로 돌아가 더욱 열심히 공부하였다. 그리하여 훗날 공자에 버금가는 유학자가 되었을 뿐 아니라 아성(亞聖)으로도 추앙받게 되었다.

명불허전 名不虛傳 名不虚传 이름 名 아닐 不 빌 虛 전할 傳

이름은 헛되이 전해지지 않는다는 뜻으로, 명성이 널리 알려진 데는 그럴 만한 까닭이 있음을 이르는 말.

맹상군 장원(莊園)

전국시대에 이른바 「전국 사공자(戰國四公子)」 가운데 한 사람인 맹상군(孟嘗君) 전문(田文)은 인재들을 후하게 대접하여 수천의 식객(食客)을 거느린 것으로 이름이 높았다. 그는 제(齊)의 왕족으로 진(秦)·제(齊)·위(魏)의 재상을 역임한 실력자였지만, 식객을 대등하고 진솔하게 대우하여 다양한 재주를 지닌 사람들이 그의 영지인 설(薛, 지금의 산동성 등주) 지역으로 모여들었다.

《사기》 맹상군(孟嘗君)열전에는 맹상군이 얼마나 식객들을 잘 대우했는지를 보여주는 다양한 일화들이 기록되어 있다.

맹상군이 방문객을 응대하면서 좌담할 때, 병풍 뒤에서는 항상 시사(侍史 : 기록을 담당한 사람)가 있어서 맹상군이 손님에게 그 친척의 주소를 물으면 기록했다. 그리고 손님이 가면 맹상군은 즉시로 사자를 보내 그

친척을 방문케 하고 예물을 보냈다.

어느 날, 맹상군이 손님을 접대하고 함께 야식을 먹으려 할 때, 누군가 등불을 막아 방안이 어두웠다. 손님은 음식에 차별이 있기 때문이라고 의심하고 기분이 상해서 식사를 사양하고 돌아가려고 했다. 이때 맹상군은 자리에서 일어나 그 음식을 몸소 손에 들고 늘어놓아 보였다. 손님은 부끄러워하며 스스로 목을 찔러 자결했다. 이 일로 인해서 맹상군에게 복종하는 선비가 더욱 많아졌다.

맹상군 부조(浮彫)

맹상군이 일찍이 영지인 설(薛) 땅을 지나는데 그 고장 풍속이 대체로 거친 사람이 많아 까닭을 물으니, 「맹상군이 천하의 협객과 간사한 자를 불러 모았으니 설 땅에 들어온 사람이 대략 6만여 가호(家戶)나 되었다」는 답변을 들었다고 적었다. 그리고 「세상에 전하기를 맹상군이 객을 좋아하고 스스로 즐거워하였다고 하니 그 이름이 헛된 것이 아니었다(世之傳孟嘗君好客自喜 名不虛矣)」고 덧붙였다.

虛室生白 (허실생백)

虛室生白 빌 虛 집 室 날 生 흰 白

방을 비우면 빛이 그 틈새로 들어와 환하다는 뜻으로, 무념무상(無念無想)의 경지에 이르면 저절로 진리에 도달할 수 있음을 비유해 이르는 말.

마음을 비우는 자에게는 복이 있음의 비유.

공자와 제자 안회(顔回)의 문답 가운데 재계(齋戒)하는 도리를 말하는 과정에서 나온 말이다. 그 내용 일부는 다음과 같다. 재계는 몸과 마음을 깨끗이 하고 부정한 일을 멀리하는 것을 말한다. 안회가 물었다.

「마음의 재계란 어떤 것입니까?」

중니(仲尼 : 공자)가 대답했다.

공 자

「먼저 뜻을 한데 모아 잡념을 없애라. 그리하여 귀로 듣지 말고 마음으로 들으며, 또 마음으로 듣지 말고 기(氣 : 기운)로 들어라. 무릇 들음은 귀에서 그치고 마음은 뜻이 서로 합하는 데 그치지만, 기는 공허해서 무엇이나 다 그대로 받아들인다. 그러므로 도는 오직 공허 속에 모이며, 이 공허가 곧 마음의 재계이니라」

「제가 아직 가르침을 받기 전에는 스스로 나인 줄 알았는데, 이제 가르침을 받자 그만 제가 없어졌습니다. 이것을 공허라고 하겠습니까?」

「그래, 지극하구나. 그럼 너에게 일러주마. 너는 위나라에 가거든 노닐기만 할 일이지 명예 따위에 마음이 흔들리지 않도록 해라. 네 말이 용납되거든 입을 떼고, 용납되지 않거든 그만 그쳐라. 마음을 크게 가져 남에게 엿보이지 말며, 마음을 깨끗이 가져 남의 꺼림을 받지 말도록 해라. 오직 한결같이 스스로 지키다가 마지못할 때만 응하면 거의 도에 가깝다 할 것이다. 저 구멍이 뚫린 빈방 안에는 하얀 기운이 있어서 거기에는 반드시 좋은 징조가 깃들지만(瞻彼闋者 虛室生白 吉祥止止), 만일 사람의 마음이 그칠 곳에 그치지 못하면 이를 일러 겉은 조용한 듯해도 속이 분주하다고 하는 것이다. 무릇 귀와 눈의 작용을 안으로 받아들여 마음의 집착을 벗어날 수 있다면 그에게는 신도 의지하려 하겠거늘 하물며 사람은 어찌하겠느냐!」

단장취의
斷章取義

断章取义　　끊을 斷 문장 章 취할 取 뜻 義

문장에서 필요한 부분만을 인용하거나 자기 본위로 해석하여 쓰는 것.

춘추시대 경대부(卿大夫)들은 회의나 연회석상 같은 교제 장소에서 자기의 의사를 표시하거나 태도를 암시하기 위해서 《시경》의 시구를 따다가 읊곤 하였다. 그때 인용되는 시 구절은 완전한 한 편의 작품은 아니고 시 중 일부분이기 때문에 단장(斷章)이라 하였다. 그리고 그들이 선택한 구절은 모두 다 자신의 심정을 나타내기 위한 것이었기 때문에 이를 가리켜 「단장취의」라고 하게 된 것이다.

《좌전》 양공 10년에 다음과 같은 이야기가 있다.

어느 날 진(晋)나라·노(魯)나라 등 10여 개 국가의 군대가 연합하여 진(秦)나라를 공격한 적이 있었다. 연합군이 경수(涇水)에 이르렀을 때 강을 건널 것인가 말 것인가를 두고 논의가 벌어졌다.

이때 진(晋)나라의 대부 숙향(叔向)이 노나라 경대부 숙손표(叔孫豹)를 찾아가서 그의 뜻을 물었더니 숙손표는 즉시 포유고엽(匏有苦葉)이라고 대답하였다. 이에 숙향은 그가 도강하는 쪽을 지지하는 줄 알아차리고 돌아와서 강을 건널 배를 준비했다고 한다.

여기에서 「포유고엽」이라는 것은 《시경》 패풍에 나오는 일종의 연애시다. 작품의 내용은 한 여인이 물가에서 사랑하는 사람을 기다리는 정경을 묘사한 것이다. 이 시는 모두 4장으로 구성되어 있고 매 장은 4구절로 되어 있다. 첫 장의 4구는 다음과 같다.

박에는 마른 잎이 달려 있고
제수에는 깊은 나루가 있네
깊으면 옷 입은 채 건너고
얕으면 옷을 걷고 건너야지

匏有苦葉 濟有深涉　포유고엽 제유심섭
深則厲 淺則揭　심즉려 천즉게

포유고엽(匏有苦葉)

뜻은 바로 물이 깊든 얕든 반드시 강을 건너오라는 것이었다. 숙손표는 바로 첫 장의 첫 구절을 인용함으로써 반드시 강을 건너야 한다는 자신의 입장을 은연중에 표시한 것이다.

이상에서 보는 바와 같이 「단장취의」는 처음에는 완전히 좋은 뜻으로 씌어졌다. 그러나 나중에는 그 뜻이 변해서 한두 구절 따내다가 자의적으로 사용하는 것을 가리키게도 되었다.

취 사 선 택
取捨選擇　取捨选择　가질 취 버릴 사 고를 선 가릴 택

쓸 것은 취하고 버릴 것은 버려서 골라잡음.

각 답 실 지
脚踏實地　脚踏实地　다리 脚 밟을 踏 열매 實 땅 地

발이 실제로 땅에 붙었다는 뜻으로 일처리 솜씨가 착실하다는 말.

사마광

북송(北宋)의 정치가 · 사학자인 사마광(司馬光)이 《자치통감(資治通鑑)》을 집필한 뒤에 그를 평가한 데서 나온 성어로 성실한 태도와 바른 품행으로 착실하게 일을 처리하는 사람을 말한다.

《자치통감》은 《통감(通鑑)》이라고도 한다. 주(周)나라 위열왕(威烈王)이 진(晉)나라 3경(卿 : 韓 · 魏 · 趙氏)을 제후로 인정한 BC 403년부터 5대(五代) 후주(後周)의 세종(世宗) 때인 960년에 이르기까지 1362년간의 역사를 1년씩 묶어서 편찬한 것이다.

밤낮으로 끊임없이 연구와 집필에 몰두한 사마광은 세밀하게 자료들을 수집 정리하여 연구하고 정확한 자료들로써 편년체(編年體)의 역사서 《자치통감》 294권을 편찬하였다. 역대의 역사적 사실을 밝혀 정치의 규범으로 삼기 위해 편찬되었으며, 북송의 제6대 황제인 신종(神宗 :재위 1067~1085)이 책이름을 지어 주었다. 송(宋)나라의 학자 소옹(邵雍)은 사마광에 대하여 이렇게 그의 성실함을 칭찬하였다.

「실제의 사실을 확인하려고 발로 뛰어다니면서 답사한 사람(君實脚踏實地人也)」

일을 할 때 사실과 원리에 따라서 과장하지 않고 진지하고 성실해야 함을 가리킨다.

세 답 족 백

洗踏足白 洗踏足白 씻을 洗 밟을 踏 발 足 흰 白

상전(上典)의 빨래에 종의 발꿈치가 희게 된다는 말로, 남을 위하여 한 일이 자신에게도 이롭게 되었다는 뜻. 또 일을 하고도 아무런 보수를 받지 못하였을 때에 일컫는 말.

양 자 택 일

兩者擇一 兩者择一 두 兩 놈 者 택할 擇 한 一

두 가지 가운데서 한 가지를 선택함.

일 석 이 조

一石二鳥 一石二鸟 한 一 돌 石 두 二 새 鳥

한 가지 일을 해서 두 가지의 이익을 얻음. 한 개의 돌로 두 마리 새를 떨어뜨리는 따위의 일이란 그렇게 간단히 되는 것이 아니다.

도 탄 지 고
塗炭之苦

涂炭之苦　　진흙 塗 숯불 炭 의 之 괴로울 苦

「진흙 수렁에 빠지고 숯불에 타는 듯한 고통」이란 뜻으로, 학정에 시달리는 백성들의 어려움을 가리키는 말. 원래가 이 도탄이란 말은 대중의 고통을 비유해서 한 말이었다. 도(塗)는 진흙이란 뜻이고, 탄(炭)은 숯불을 뜻한다. 몸이 자유롭게 움직일 수 없는 진흙 수렁에 빠져 있고, 이글이글 타오르는 숯불 속에 들어 있다면 그 고통이 얼마나 크겠는가.

《서경》 중회지고(仲虺之誥)에, 「……유하의 어두운 덕으로 백성이 도탄에 빠졌다(民墜塗炭)」고 한 구절이 나온다.

은(殷)나라 탕(湯)임금은 걸(桀)을 내쫓고 천자가 되자, 무력혁명에 의해 천하를 얻게 된 것을 부끄러워하며, 「나는 후세 사람이 내가 한 일을 가지고 구실을 삼을까 두렵다」고 말했다. 그러자 좌상(左相) 중훼가 글을 지어 탕임금을 위로한 것이 곧 「중훼지고」다. 글의 내용은 이렇다.

「슬프다, 하늘이 사람을 내었으나, 사람에게는 욕심이 있어 이를 이끌어 줄 지도자가 없으면 곧 혼란을 가져오게 된다. 그러므로 하늘은 총명한 임금을 낳아 이들을 올바로 이끌게 한다. 그런데 하(夏)나라 걸임금은 어둡고 덕이 없어 백성들이 진흙과 숯불 속에 빠지게 되었다. 그래서 하늘은 임금에게 용기와 지혜를 주어, 모든 나라들을 법도로써 바로잡게 하고, 우(禹)임금의 옛 영토를 이어받게 했다. 지금은 우임금의 옛 제도를 따라 천명에 순종하는 것이 마땅할 뿐이다」

즉 중훼는 탕임금의 무력에 의한 혁명을 정당한 것으로 보고, 걸임금의 학정에 신음하는 백성들의 견딜 수 없는 고통을 덜어주는 것이 위대한 덕을 가진 사람의 당연히 해야 할 책무라는 것을 강조하여 탕임금의 주저하

상나라 탕임금

는 마음을 격려했던 것이다.

국민이 도탄의 괴로움에 허덕인 것은 오직 걸왕 때만은 아니다. 은의 주왕이나 고래로 많은 제왕시대에도 그러했다. 극언하면 유사 이래 수천 년의 역사는 민중의 끊임없는 도탄의 괴로움의 반복이었다고 해도 과언이 아니다.

지 각 천 애
地角天涯 地角天涯 땅 地 뿔 角 하늘 天 물가 涯

땅의 한 모퉁이와 하늘의 끝. 서로 멀리 떨어져 있음의 비유.

신 토 불 이
身土不二 身土不二 몸 身 흙 土 아닐 不 두 二

몸과 태어난 땅은 하나라는 뜻으로, 제 땅에서 산출(產出)된 것이라야 체질(體質)에 잘 맞는다는 말.

토 붕 와 해
土崩瓦解 土崩瓦解 흙 土 무너질 崩 기와 瓦 풀 解

「흙이 무너져 내리고 기와가 산산조각이 난다」는 뜻으로, 사물이 근본에서부터 무너져버려 도무지 손을 쓸 수가 없는 상태를 비유하여 이르는 말이다.

《사기》 평진후주보열전에 있는 말이다.

한무제

한(漢)나라는 개국 이후 제6대 황제인 경제(景帝)에 이르기까지 오랜 기간을 평온하게 보내 국력이 충만했다. 제7대 황제로 즉위한 무제는 중앙집권을 강화하고 흉노를 토벌하는 등 여러 가지 개혁을 단행했다. 그 결과 나라의 위세를 만방에 떨칠 수 있었으나, 필연적으로 국력이 소모된 상황이었다. 이때, 조나라 사람 서악(徐樂)이 글을 올려 흉노 정벌의 불가함을 간했다.

「신은 『천하의 근심은 밑에서 서서히 무너져 내리는 토붕(土崩)에 있지 누(壘)가 갑자기 허물어져 내리는 와해(瓦解)에 있지 않다. 이것은 예나 지금이나 마찬가지다』라는 말을 들었습니다. 무엇을 토붕이라고 합니까? 진나라의 말세가 바로 이것입니다. ……」

토붕이란 백성들이 폭정의 고통을 감당할 수 없게 되어 마침내 무리를 지어 반항함으로써 비롯되는 것이다. 이에 비하여 와해란 정권의 내부에서 일어나는 권력 다툼이다. 토붕은 기존의 정권을 뒤엎어서 새로운 정권을 세우는 것이지만, 와해는 단지 인사 교체를 조성하는 일일 뿐이라는 요지의 글을 올려, 황제에게 토붕의 형세가 일어나지 않도록 주의하라고 간언하였다.

「토붕」은 흙(지반)이 무너진다는 뜻으로, 그 위에 존재하는 것이 따라서 무너지므로 그 피해가 막심하다. 「와해」는 기와가 깨진다는 뜻으로, 토붕보다 피해가 덜하다. 이처럼 원래는 토붕과 와해가 구분되었으나, 나중에 하나의 성어로 합쳐졌다.

반고(班固)는 《사기》 진시황본기에 이렇게 논평했다.

「진나라가 쇠퇴한 지 오래 되어 천하가 흙이 무너지고 기와가 깨진 형국이니, 비록 주공과 같은 인재가 있었다고 하더라도 그 재주를 펼칠 수 없었을 것이다(秦之積衰 天下土崩瓦解 雖有同旦之材 無所復陳其巧)」

후 래 삼 배
後來三杯 后来叁杯 뒤 後 올 來 석 三 잔 杯

술자리에서 늦게 온 사람에게 권하는 석 잔의 술. 또 술자리에 늦게 온 사람에게 먼저 잔을 권하는 「후래선배(後來先杯)」라는 말이 있다.

또한 술을 마실 때, 마시는 잔의 수가 짝수로 끝나는 것을 꺼림을 이르는 「주불쌍배(酒不雙杯)」라는 말도 있다.

고 진 감 래
苦盡甘來 苦尽甘来 쓸 苦 다할 盡 달 甘 올 來

고생 끝에 낙이 찾아오다. 어렵고 힘든 일이 지나면 즐겁고 좋은 일이 오기 마련이다. 반 흥진비래(興盡悲來)

<ruby>解語花</ruby>

해어화
解語花 解语花 헤아릴 解 말씀 語 꽃 花

「말을 알아듣는 꽃」이란 뜻으로, 미인을 비유하는 말로 쓰인다. 또는 화류계(花柳界)의 여인을 일컫기도 한다.

양귀비(日 화가 와타나베 낭가쿠)

왕인유(王仁裕)의 《개원천보유사》에 나오는 말이다.

당나라 수도 장안은 지금 화창한 봄을 보내고 바람도 훈훈한 여름을 맞이하려 하고 있었다. 현종황제는 양귀비와 궁녀들을 거느리고 태액지(太液池)로 나갔다. 연못은 온통 연잎으로 뒤덮여 있었고 만개한 꽃들은 그 아름다운 자태를 한껏 뽐내고 있었다. 연못가의 모든 사람들은 저마다 감탄의 소리가 터져 나왔다. 그때 연꽃을 흐뭇하게 바라보던 현종이 주위 사람들에게 말했다.

「어떠냐, 이 꽃들의 아름다움이 내 말을 알아듣는 꽃과 비길 만하지 아니한가?(爭如我解語花)」

여기서 말을 알아듣는 꽃이란 물론 양귀비를 두고 한 말이다.

현종은 치세(治世)의 전반에 훌륭한 업적을 쌓았지만, 후반에 가서는 양귀비와의 사랑에 푹 빠져 정사를 제대로 돌보지 않았다.

양귀비의 친척이란 점 하나로 양가(楊家)의 일족은 높은 자리에 올랐다. 그것은 이윽고 안녹산(安祿山)의 난이 일어나는 계기가 되었고, 양귀비는 노한 병사들의 요구로 교살되었다. 저 마외(馬嵬)의 비극에 이어지는 것이다. 그리고 퇴위하여 상황(上皇)이 된 현종은 죽을 때까지 양귀비를 그리워했다고 한다.

태액지 채련도(採蓮圖)

그 치세의 전반 20 수년을 「개원(開元)의 치(治)」라고 불릴 정도로 잘 다스려서 명군이란 이름을 얻었던 현종은 이렇게 뒤끝을 좋게 여미지 못했다.

그렇다고는 하나 현종과 양귀비가 빚어낸 갖가지 이야기나 말 중에서 이 「헤어화(解語花)」도 살아남았다.

즉시일배주 卽時一杯酒

卽时一杯酒　곧 卽 때 時 한 一 잔 杯 술 酒

당장의 술 한 잔. 눈앞의 한 잔이 나중의 술 몇 백 잔 또는 어느 귀한 것보다 낫다는 뜻임. 《세설신어(世說新語)》 임탄(任誕)편.

고사성어 · 사자성어 색인

고사성어 · 사자성어
크로스워드 퍼즐 ❷

★

초판 인쇄일 / 2016년 1월 20일
초판 발행일 / 2016년 1월 25일

★

엮은이 / 팬더 컬렉션
펴낸이 / 김동구
펴낸데 / 明文堂
창립 1923. 10. 1
서울특별시 종로구 안국동 17-8
우체국 010579-01-000682
☎ (영업) 733-3039, 734-4798
(편집) 733-4748 FAX. 734-9209
H.P. : www.myungmundang.net
e-mail : mmdbook1@hanmail.net
등록 1977. 11. 19. 제 1-148호

★

ISBN 979-11-85704-56-2 04910
ISBN 979-11-85704-50-0 04910 set

★

낙장이나 파본은 구입하신 서점에서 교환해 드립니다.

★

값 12,000원